Bernd Harder

Verschwörungstheorien

Bernd Harder

Verschwörungstheorien

Reihe Kritikpunkt.e

Alibri

2018

Bernd Harder, geboren 1966. Als Vorstandsmitglied der *Gesellschaft zur wissenschaftlichen Untersuchung von Parawissenschaften* (GWUP) und ständiger Mitarbeiter der Zeitschrift *Skeptiker* befasst er sich kontinuierlich mit außergewöhnlichen Behauptungen und deren Überprüfung. Er hat zahlreiche Bücher zu einschlägigen Themen veröffentlicht.

Alibri Verlag
www.alibri.de
Aschaffenburg
Mitglied in der *Assoziation Linker Verlage* (aLiVe)

1. Auflage 2018

Umschlaggestaltung: Claus Sterneck
unter Verwendung einer Abbildung von ©mia33 / Fotolia.com
Druck und Verarbeitung: Interpress, Budapest

ISBN 978-3-86569-123-1

Inhalt

Vorwort

Vor kurzem hätte ich Mitglied der Illuminaten werden können. Die Einladung dazu ploppte per Junkmail auf und las sich verheißungsvoll: „Geld, Macht, Wohlstand, Ruhm“ könne der Geheimorden mir verschaffen, der 1776 in Ingolstadt von einer Handvoller Akademiker gegründet wurde. Ich müsse dafür lediglich ein paar Utensilien für das Initiationsritual im Wert von 230 Euro erwerben. Wenig überraschend stellte sich die „Illuminati Invitation“ als Scam heraus – als Vorschussbetrug im Stil der berüchtigten Nigeria-Connection. Klar, „wer daran glaubt, muss eine Menge Qualm in der Kanzel haben“, warnt eine Info-Seite im Web. Bemerkenswert ist es dennoch, wofür die Illuminaten im Jahr 2018 alles herhalten müssen. Sogar Internet-Betrüger setzen auf die Strahlkraft der Illuminaten, die 1785 vom bayerischen Kurfürsten Karl Theodor verboten wurden und 2003 in Dan Browns Weltbestseller ihre Erweckung als Projektionsfläche für kollektive Ängste feierten. Auch die Milchpreise würden von den Illuminaten manipuliert, klagte vor einer Weile ein Landwirt aus Niederbayern – zu seinen Ungunsten natürlich.

Trotzdem sind Experten der Ansicht, dass Verschwörungstheorien heute nicht häufiger verbreitet seien als früher. Vom 17. bis in die erste Hälfte des 20. Jahrhundert hinein war es in den USA und in großen Teilen Europas völlig normal gewesen, Verschwörungstheoretiker zu sein, also über Verschwörungen zu debattieren, sagt zum Beispiel der Tübinger Kulturhistoriker Michael Butter. Verschwörungstheorien galten zu dieser Zeit als eine legitime Form des Wissens. Was allerdings auch damit zusammenhängt, dass man im 17. und 18. Jahrhundert kein vernünftiges Konzept von Zufall als Ursache für bestimmte Ereignisse hatte. Die Illuminaten haben die Französische Revolution angezettelt: Das war für damalige Zeitgenossen eine normale Sicht auf die Dinge. Imaginäre Verschwörungen füllten eine Lücke, die nicht zuletzt die Aufklärung hinterlassen hatte: „Statt Gott lenkten jetzt Verschwörer die Welt", erklärt Butter. Aber stimmt die These, Verschwörungstheorien seien heute lediglich sichtbarer als früher, wirklich?

Noch gibt es dazu keine guten Daten. Auffällig ist indes, dass aktuell für so ziemlich alles eine Verschwörungstheorie existiert – nicht nur für komplexe und schwer zu erklärende Zusammenhänge und trotz der allumfassenden Informationsmöglichkeiten. Charlie Sheens Karriereabsturz ist mitnichten der Selbstzerstörung des ehemaligen *Two and a Half Men*-Stars durch Alkohol und Drogen geschuldet. Weil Sheen gefordert hatte, die Terroranschläge vom 11. September 2001 neu zu untersuchen, ist er von den Illuminaten unter Drogen gesetzt und öffentlich demontiert worden. Pokemon Go? Keineswegs ein harmloser Spaß, sondern ein Spionage-Tool, mit dem der amerikanische Geheimdienst massenhaft Geodaten aus der ganzen Welt sammelt. Die Erderwärmung? Lediglich eine Folge der intensiven Bestrahlung des Nordpols mit ELF-Wellen, so wie es im Vertrag von Wladiwostok zwischen der Sowjetunion und den USA vereinbart wurde, um an die Bodenschätze zu gelangen.

Was sind das für Menschen, die so etwas glauben? Und warum? Trotz der Allgegenwart des Themas Verschwörungstheorien in den Medien ist der wissenschaftliche Forschungsstand dazu erstaunlich mager – und stark segmentiert. Philosophen, Psychologen, Soziologen, Politologen, Historiker, Medienwissenschaftler, Erzählforscher, Literaturwissenschaftler und andere beschäftigen sich von unterschiedlichen Prämissen aus mit Verschwörungstheorien. Das ist spannend, aber weit mehr als definitorische, methodische und theoretische Aspekte gewinnt der praktische Umgang mit Verschwörungstheorien und Verschwörungstheoretikern an Bedeutung. Und genau darum geht es in diesem Buch. Wir finden interdisziplinäre Antworten auf die am häufigsten vorgetragenen Selbstbewertungen von Verschwörungstheoretikern, etwa als „Wahrheitssucher" oder „Wissende". Wir untersuchen, wie man Verschwörungstheorien erkennt und ob sie wirklich ernstzunehmende heterodoxe Ansätze besitzen. Wir geben Tipps für den Umgang mit Verschwörungsgläubigen – online und im Reallife. Zahlreiche Kommentar- und Diskussionsbeispiele aus Internetforen und Facebook-Gruppen liefern authentische Einblicke in die Denk- und Argumentationsweise der Szene. Am Ende sind unsere Leser die Wissenden. Darauf schwören wir den Illuminateneid.

Was ist eine Verschwörungstheorie?

●●● **Behauptung:** Verschwörungstheorien – Dieses Wort ist von den Medien und Politikern erfunden worden, um die Wahrheit lächerlich zu machen. ●●●●●●●●●

So einfach ist die Sache für Verschwörungstheoretiker, wie dieses vielgeteilte Internet-Meme zum Ausdruck bringt. Die Wahrheit ist komplizierter. Es gibt bislang keine allgemein akzeptierte Definition, was eine Verschwörungstheorie eigentlich ist. Der wissenschaftliche Diskurs dreht sich unter anderem um die Frage, ob es möglich sei, rationale und irrationale Verschwörungstheorien trennscharf voneinander zu unterscheiden – also solche, die einen gewissen Wahrscheinlichkeitswert besitzen und solche, die ohne nähere Prüfung als imaginär abgetan werden können. Dahinter steht die Befürchtung, Spekulationen über möglicherweise reale Verschwörungen vorschnell zu delegitimieren, da der Begriff „Verschwörungstheorie" eher negativ konnotiert ist und abwertend verwendet wird.

Für den praktischen Umgang mit Verschwörungstheorien ist diese Auseinandersetzung indes kaum von Belang, da es Verschwörungstheoretikern in aller Regel gerade nicht um die Anwendung der kritischen Vernunft und das Aufdecken von echten Verschwörungen geht. Daher erscheint es sinnvoll, das Wahrheitskriterium aus der Definition auszuklammern, wie der Psychologe Sebastian Bartoschek vorschlägt:

„Man muss nicht den Standpunkt vertreten, dass man weiß, was wahr ist und was nicht."

In einem gemeinsamen Beitrag für *Spektrum der Wissenschaft* skizzierten Bartoschek und der Tübinger Amerikanistik-Professor Michael Butter folgende vier Komponenten einer Verschwörungstheorie: „Es gibt erstens ein Kollektiv, eine Gruppe von Verschwörern; zweitens existiert ein Plan, den diese Gruppe angeblich verfolgt; und dieser wird drittens im Geheimen ausgeführt. Außerdem spiele der Dualismus von Gut und Böse eine Rolle. Die Verschwörer haben nichts Positives im Sinn, sie schaden mit ihren Machenschaften anderen."[1] Und: Die Verschwörungstheorie muss konträr zur „offiziellen" Version eines Vorgangs liegen.

●●● Definition: Als Verschwörungstheorie wird die Interpretation eines Phänomens oder Ereignisses verstanden, die der gängigen Erklärung widerspricht und die mächtigen Personen oder Gruppen unterstellt, insgeheim der Gesellschaft schaden zu wollen.[2] ●●●●●●●●●●●

Woran erkennt man eine Verschwörungstheorie?

Die Erde ist flach. Die Mondlandung hat nie stattgefunden. Flugzeuge versprühen Chemikalien, um das Klima zu verändern und die Menschen zu vergiften.

Was haben diese Behauptungen und die Vorgehensweise ihrer Anhänger gemeinsam, was einen Bullshit-Detektor noch vor der eigentlichen Faktenprüfung zum Ausschlag bringt? In Anlehnung an den Science-Blog *zoon politikon* des Politikwissenschaftlers Ali Arbia hat das Internetportal *Psiram* eine „Checkliste Verschwörungstheorien" erstellt, die unsere Definition fortschreibt: „Sollten mehrere Punkte bei einer vorgebrachten Hypothese zutreffen, müssten eigentlich alle Alarmglocken läuten."[3]

1. Hinter der Verschwörung steht eine angebliche globale Elite, Menschen mit vermeintlicher oder echter Macht (z.B. in Politik, Wissenschaft, Wirtschaft). Dies können Geheimbünde sein, die im Hintergrund agieren, oder aber Menschen, die offiziell an den Schalthebeln der Macht sitzen. Diese Elite verberge ihre wahren Motive und täusche die Öffentlichkeit gezielt über ihre Absichten. Daher kämpfen angeblich die mutigen Verschwörungstheoretiker-Davids gegen den Machtkraken-Goliath.
2. Der Verschwörungstheoretiker und seine Anhänger gehören zu einer kleinen Minderheit, die im Besitz der Wahrheit ist. Nur er sieht klar, obwohl das Ganze doch offensichtlich sein sollte. Aber nur die kleine Gruppe derjenigen, die die Verschwörung durchschaut hat, weiß, was auf uns zukommen wird, und will nun alle warnen. Oft verzeichnet der kleine Kreis der Eingeweihten gemäß Selbsteinschätzung stetiges Wachstum.
3. Es werden Fragen aufgeworfen, ohne dass man wirklich Antworten hören will. Meist sind diese Fragen spekulativ und daher schwer zu demaskieren. Eigentlich sind sie rhetorischer Natur, obwohl sie als echte Fragen daherkommen. Selbst eine befriedigende Beantwortung einer solchen Frage hält Verschwörungstheoretiker nicht davon ab, sie immer wieder aufzuwerfen.
4. Der Verschwörungstheoretiker hält natürlich auch Antworten auf diese Fragen bereit (die Verschwörungstheorie eben). Bei näherem Hinsehen bedingen diese meist unzählige zusätzliche Nebenannahmen und unplausible Voraussetzungen.
5. Auch Fakten, die ganz klar objektiv falsch sind, werden trotzdem immer wieder als Argumente verwendet. Das funktioniert, weil die Anhänger der Theorie nur an einer Bestätigung der vorgefassten Meinung interessiert sind

und darum nicht aus den Argumenten auf die Plausibilität schließen, sondern umgekehrt die Argumente an das festgesetzte Resultat anpassen.

6. Auf Gegenargumente wird kaum eingegangen. Alles wird auf die Bestätigung der Verschwörungstheorie kanalisiert. Es gibt keine Abwägung des Für und Wider und keine Plausibilitätsprüfung. Die These heiligt die Argumente.
7. Häufig ist der größte Widerspruch bereits im Argument der Geheimhaltung (zentral für eine Verschwörungstheorie) selbst enthalten. Einerseits schaffen es die Verschwörer entgegen jeder sonstigen Erfahrung angeblich, riesige Operationen geheim zu halten, und gleichzeitig begehen sie stümperhafte Fehler, die nur der Verschwörungstheoretiker sofort erkennt.
8. Ein Realitätscheck findet nie statt. Man zieht vielleicht weiter zur nächsten Verschwörungsthese, aber die Theorie des Tages wird nie überprüft. So wird immer wieder aufs Neue das Ende aller Zeiten, die totale Versklavung, Vergiftung oder Kontrolle vorausgesagt, ohne dass wirklich etwas passiert.
9. Die nicht Verschwörungstheorie-gläubige Presse wird als Mainstream- beziehungsweise Systempresse denunziert, die entweder zu dumm ist, die Wahrheit zu erkennen, oder von den Verschwörern kontrolliert wird.

Gleicht man diese Checkliste zum Beispiel mit dem Einführungstext auf der berüchtigten Chemtrail-Seite „Sauberer Himmel“ ab (siehe Kasten), stellt man in der Tat einen hohen Grad an Übereinstimmung fest.

Kennzeichnend für eine Verschwörungstheorie sind mithin ihre geschlossene Form, ein klares Gut-Böse-Schema, die monokausale Herleitung und eine gewisse Obskurität:[4] Die zentrale Frage nach dem Täter und den Schuldigen steht immer vorher fest. Darauf aufbauend werden ausgeklügelte Begründungszusammenhänge konstruiert. Bei genauerem

Für einen natürlichen Himmel ohne künstliche Wolken

Die „öffentliche Meinung“ darf bei vielen Themen nicht ehrlich sein. Wir schon! Denn fragen Sie sich z.B. auch,

... was da Seltsames am Himmel passiert? Was es mit den vielen „Streifen“ auf sich hat, die dort von Flugzeugen hinterlassen werden? Haben diese etwas mit den Wetterextremen zu tun?

Einer Studie zufolge wissen schon ca. 20 Prozent der Menschen von den sog. „Chemtrails“. Und diese Menschen irren sich ganz gewiss nicht!

Denn was am Himmel häufig wie von Flugzeugen ausgestoßene Kondensstreifen aussieht, sind gewöhnlich keine normalen Kondensstreifen. Vielmehr handelt es sich dabei um absichtlich ausgebrachte, ultrakleine Feinstäube aus Metallverbindungen und anderen chemischen Substanzen („Chemtrails“), die im Zuge des solaren Geo-Engineerings über unseren Köpfen ohne gesetzliche Grundlage versprüht werden.

Behörden und Politiker werden jedoch – wie z.B. das Bundesinnenministerium – entweder dazu schweigen oder – wie z.B. die Kanzlerin – lediglich mutmaßen, dass kein Grund zur Sorge bestehe und es sich bei den sonderbaren Erscheinungen am Himmel „höchstwahrscheinlich“ um gewöhnliche Kondensstreifen von Flugzeugen handele.

Wir wollen bei diesem Thema an Ihren Verstand appellieren! Denn diese vagen Aussagen der Politiker stehen im krassen Widerspruch sowohl zu unseren eigenen Untersuchungen als auch zu fundamentalen physikalischen Prinzipien. Deren Negierung sowie die gleichgeschaltete Vertuschung dieses globalen „Projektes“ durch Medien, Politik und Verbände werfen zwangsläufig weitere fundamentale Fragen auf – wie z.B. die nach einer doch existierenden nationenübergreifenden „Schattenregierung“.

All dies führt zu einem neuen Basisbewusstsein – getragen von Tausenden von Bürgerinnen und Bürger. „Aufwachen“ ist jetzt am Start.

www.sauberer-himmel.de

Hinsehen zeigt sich, dass Verschwörungstheorien oft widersprüchlich sind. Willkürlich herausgegriffene Fakten dienen als Beweise. Zufälle werden bestritten. Alles, was in die Theorie nicht hineinpasst, wird unterschlagen oder als Propaganda abgetan. So werden komplexe Vorgänge auf eine simple und überschaubare Story reduziert.

Verschwörungstheorien, -mythen, -ideologien, -narrative?

Der „Checkliste Verschwörungstheorien" kann man zugleich entnehmen, dass Verschwörungstheorien in Form und Aufbau keine Theorien im wissenschaftlichen Sinne sind.

- Der Wissenschaftler stellt eine Theorie auf und versucht zu erforschen, was für und was gegen sie spricht, wertet die Ergebnisse am Ende aus und sieht seine Theorie dann verifiziert oder falsifiziert.
- Der Verschwörungstheoretiker weiß bereits am Anfang, was am Ende als Ergebnis herauskommt, er sortiert sich die Fakten so zurecht, dass sie am Ende ins bereits fertige Bild passen.[5]

Der Begriff „Verschwörungs-Theorie" soll zum Ausdruck bringen, dass es sich um eine Theorie unter vielen ohne vollkommenen Wahrheitsanspruch handelt. Eine andere Erklärung lautet:[6] Verschwörungstheoretiker lokalisieren das wahre Sein nicht im Schein, sondern dahinter: eben im Reich der Theorie. Deswegen nennt man sie Theoretiker. Mittlerweile plädieren jedoch verschiedene Experten dafür, stattdessen von „Verschwörungsmythen", „Verschwörungsideologien", „Verschwörungshypothesen" oder von einem „Verschwörungsglauben" zu sprechen, denn: „Hier wird keine Theorie mehr in die Diskussion eingebracht, die ich hinterfragen und gegebenenfalls mit einer Antithese widerlegen kann, sondern ein geschlossenes Weltbild:[7] Entweder man ist deren Meinung oder man steht auf der Seite des Feindes." Bei diesen semantischen Überlegungen geht es darum, entweder ein treffenderes Synonym zu finden oder aber eine differenzierte Betrachtungsweise zu ermöglichen.

So sieht der Arzt und Wissenschaftsautor Thomas Grüter einen strukturellen Unterschied zwischen Verschwörungsglauben, Verschwörungslegenden und Verschwörungstheorien. Alle drei hingen zusammen und würden einander bedingen, wirkten aber auf unterschiedlichen Ebenen:

- Der Verschwörungsglaube stellt zunächst einmal die Annahme dar, dass eine Gruppe mit illegitimen Absichten im Unbekannten wirkt.
- Die Verschwörungslegende sieht die Gruppe mit illegitimen Absichten bereits als Urheber eines konkreten Ereignisses an.
- Die Verschwörungstheorie beschreibt schließlich, wie die Gruppe mit illegitimen Absichten ein konkretes Ereignis herbeigeführt hat.

In seinem Buch *Freimaurer, Illuminaten und andere Verschwörer* nennt Grüter ein Beispiel: Verschwörungsglaube ist die Ablehnung der jüdischen Gemeinden, die sich im frühen Mittelalter in den europäischen Städten bildeten. Eine Verschwörungslegende war der angebliche Ritualmord an dem Kürschnerlehrling Willelm 1144 in einem Wald bei Norwich. Seine Mutter verbreitete in der Stadt, nur die Juden könnten dafür verantwortlich sein. Zur Verschwörungstheorie wurde das Ganze, als ein Geschichtsschreiber als Motiv für die Tat eine Tradition jüdischer Ritualmorde an Christen behauptete und zu beweisen suchte. Andere Forscher kritisieren die Bezeichnung „Verschwörungstheorie" wegen der negativen Konnotation als abwertenden sprachlichen Ausdruck, mit dessen Verwendung ein Gedankengebäude ohne Prüfung ausgehebelt werden könne.

Michael Butter, der das europäische Forschungsnetzwerk *Comparative Analysis of Conspiracy Theory* (COMPACT)

Chemtrails

Die Initialzündung zur Chemtrail-Verschwörungstheorie gab 2004 ein Artikel in der pseudowissenschaftlichen Zeitschrift *Raum & Zeit*: „Die Zerstörung des Himmels". Der Schweizer Autor Gabriel Setter behauptete darin, dass es sich bei den langlebigen Kondensstreifen am Himmel um „Chemtrails" handele, die gezielt ausgebracht würden und Beimischungen wie Aluminiumpulver, Barium und andere Schwermetalle enthielten. Diese Chemiestreifen seien ein Mittel des Geo-Engineering, um die Sonnenstrahlung zu reduzieren und so die Erderwärmung zu bekämpfen. Die schleichende Vergiftung der Bevölkerung werde dabei billigend in Kauf genommen.

Aufgrund tiefer Konsistenzlücken entfernten sich die Chemtrailer in den folgenden Jahren immer weiter von diesem Kern und erfanden neue Pseudo-Erklärungen, wozu die Streifen am Himmel gut sein könnten – von heimlichen Impfungen über Wetterkriegsführung bis hin zur Bevölkerungsreduktion. Meteorologen sehen in den „Chemtrails" ganz normale Kondensstreifen, deren Ausbreitungsform und Beständigkeit von natürlichen Faktoren wie Temperatur, Luftfeuchtigkeit, Windgeschwindigkeit etc. abhängt.

Seit kurzem kehrt die Chemtrail-Verschwörungstheorie verstärkt zu ihrem Ursprung zurück und fokussiert wieder auf den Aspekt des Geo-Engineering. In der Tat wird Geo-Engineering auch in seriösen Medien wie *Spiegel* oder *Spektrum der Wissenschaft* diskutiert. Einige Experten plädieren dafür, gezielte Eingriffe ins Klimasystem experimentell zu untersuchen. Die meisten Klimaforscher halten Geo- oder Climate-Engineering für eine schlechte Idee. Bislang existiert das Thema aber nur auf dem Papier.

koordiniert, erklärte in einem Interview mit der Zeitschrift *Skeptiker*, der Ausdruck sei so etabliert, dass man daran festhalte. Zugleich machte er darauf aufmerksam, dass sich im wissenschaftlichen Diskurs bisweilen zwei Bedeutungen des Begriffs Verschwörungstheorie überlagern: Wissenschaftler verwenden den Begriff einerseits neutral, als Beschreibung für eine bestimmte Wissensform und auch für eine bestimmte Erzählstruktur; andererseits müssen Wissenschaftler aber auch berücksichtigen, dass der Begriff als Mittel der Delegitimation Anwendung finden kann.

Streng genommen müsste man mit einem wissenschaftlichen Index arbeiten:

- VT_1 wiese auf die delegitimierende, stigmatisierende Verwendung des Begriffs „Verschwörungstheorien" hin.
- VT_2 wäre die neutrale Bezeichnung für eine Ansicht, die auf einer bestimmten Grundannahme basiert, eine gewisse Erzählstruktur hat und Aussagen über die Natur des Menschen und den Ablauf geschichtlicher Prozesse trifft – also eine besondere Form der Welterklärung darstellt.

Allerdings macht Butter keinen Hehl daraus, dass die meisten Forschungsdisziplinen, die sich mit dem Thema beschäftigen, Verschwörungstheorien aus guten Gründen sehr kritisch sehen: „Konstrukte, die wir gemeinhin als Verschwörungstheorie bezeichnen, sind eben auch Verschwörungstheorien in diesem neutraleren Sinne und verdienen es daher, delegitimiert zu werden." Aus welchem Grund, werden wir noch sehen.

Der Begriff „Verschwörungstheorie" ist weniger problematisch, als Verschwörungstheoretiker behaupten

Was bedeutet dieser Diskurs um Begrifflichkeiten nun für den Alltagssprachgebrauch?

Erstaunlicherweise scheint die Sorge mancher Wissenschaftler um die delegitimierende Funktion des Begriffs Verschwörungstheorie auf Diskursebene an der Lebensrealität vorbeizugehen. Das Wort ist möglicherweise keineswegs so stark normativ aufgeladen, wie dies herbeigeredet wird. Der

Psychologe Michael Wood von der Universität Winchester bat Versuchspersonen, verschiedene Szenarien nach ihrem Wahrheitsgehalt zu beurteilen. Er präsentierte diese Szenarien entweder als „Idee“ oder als „Verschwörungstheorie“. Für die Probanden spielte die Titulierung offenbar keine Rolle. Sie machten bei der Bewertung des Wahrheitsgehalts keinen Unterschied zwischen einer Idee und einer Verschwörungstheorie.

Für Verschwörungstheoretiker sind die Bezeichnungen „Verschwörungstheorie“ und „Verschwörungstheoretiker“ von außen betrachtet sogar eher schmeichelhaft, da der Terminus „Theorie“ üblicherweise nur für berechtigte Annahmen vergeben wird, die überprüf- und widerlegbar sind. Nichtsdestotrotz gefällt Verschwörungstheoretikern selbst das Wort „Verschwörungstheorie“ überhaupt nicht. Sie sehen darin eine Totschlagvokabel zur Diskreditierung nonkonformistischer Ansichten.

Die *Epoch Times Deutschland* meint gar, der Begriff „Verschwörungstheorie“ werde „als Waffe im Kampf gegen freies Denken benutzt“. Damit macht das rechtspopulistische Online-Medium allerdings zugleich deutlich, dass auch die „neutrale Bezeichnung“ im Sinne des Indexzeichens VT_2 der Selbstwahrnehmung von Verschwörungstheoretikern nicht annähernd gerecht werden würde. Deshalb spricht nichts dagegen, „Verschwörungstheorie“ und „Verschwörungstheoretiker“ weiter zu verwenden. Nicht nur wegen der Gebräuchlichkeit, sondern auch, weil akademische Neologismen wie zum Beispiel „Verschwörungsnarrative“ das reale Gebaren und die Geisteshaltung von Verschwörungstheoretikern noch viel weniger treffend abbilden.

Denn natürlich lenken Verschwörungstheorien auch vom Alltag ab, beschäftigen unsere Phantasie, lassen das Leben interessanter erscheinen, glänzen mit dem potenziell Möglichen und können deshalb gleichermaßen als „gute Geschichten“ oder Mythen betrachtet werden, die Sinn stiften und die Welt strukturieren. Das ist aber nicht der Anspruch von Verschwörungstheoretikern, die sich zu „Querdenkern", „Aufklärern" oder „Wahrheitssuchern" stilisieren – und damit durchaus eine semantische Beziehung zu dem Begriff „Verschwörungs-Theorie" herstellen. Warum sie die Titulierung als „Verschwörungstheoretiker" in aller Regel empört zurückweisen, ist nicht ganz leicht nachzuvollziehen.

Möglicherweise liegt es daran, dass sie selbst ihre Weltwahrnehmung und ihr Argumentationsmuster in Verruf gebracht haben. Die *Epoch Times Deutschland* weiter: „Sogar im allgemeinen privaten Umfeld haben die meisten Menschen ein Gefühl, dass sogenannte Verschwörungstheorien und ihre Vertreter zumindest krude und weltfremd sind und bedenken sie mit einer Mischung aus Belächeln und Herablassung." Freilich wäre die *Epoch Times* nicht „Teil eines rechten Paralleluniversums" (so der Branchendienst *Meedia*), wenn sie ihrer Klientel nicht die scheinbar passende Erklärung liefern würde: „Dahinter steckt neben einer diffusen Angst vor dem Fremden auch ein gehöriges Maß Überhebung. Wir grenzen uns von diesen Menschen ab, weil wir vor ihren Gedanken Angst haben."

Ist das wirklich der Grund? Im nächsten Kapitel gehen wir dem nach.

●●● **Fazit:** Der Begriff Verschwörungstheorie ist umstritten – aus ganz unterschiedlichen Gründen. Die Anhänger von Verschwörungstheorien sehen sich damit als nicht ernst zu nehmend abqualifiziert. Wissenschaftler konnten sich bislang nicht auf eine allumfassende Definition einigen, unter anderem deswegen, weil sie um die negativen Assoziationen wissen, die das Wort bei Gesprächspartnern wecken kann. Einen überzeugenden Gegenvorschlag machen indes weder die Anhänger noch die Erforscher von Verschwörungstheorien. Es spricht daher nichts dagegen, diesen gebräuchlichen Begriff weiter zu verwenden. ●●●●●●

Verschwörungstheoretiker stellen bloß kritische Fragen

●●● Behauptung: Die Machtelite versucht, mit dem Vorwurf „Das sind doch alles Verschwörungstheoretiker" kritische Stimmen mundtot zu machen. Es ist ein Kampfbegriff, um selbstständige Denker abzuschrecken, um jeden Kritiker lächerlich zu machen. Man stellt Verschwörungstheoretiker also in die Spinner-Ecke und hofft, die Bevölkerung hört nicht auf sie. ●●●●●●●●●

„Kritische Fragen" von Verschwörungstheoretikern sehen zum Beispiel so aus:

Ich möchte hier mal was loswerden. Wir sind eine GmbH und hier mal ein paar Fakten: Die Bundesrepublik Deutschland ist eine Finanzagentur GmbH, HRB 51411, Umsatzsteuer-Identifikationsnummer lautet DE137223325. Und ich bin kein Reichsdepp, sondern einfach nur ein Mensch, der sich informiert.

Dieser Kommentar einer gewissen Andrea K. ploppte am 24. August 2017 im Blog der *Gesellschaft zur wissenschaftlichen Untersuchung von Parawissenschaften* (GWUP) auf. Wie bereits einige Male vorher beantworte der Admin diese Standard-Behauptung aus dem Dunstkreis der „Reichsbürger" erneut ausführlich und mit Verweis auf seriöse Quellen, wie etwa das Jura-Portal und die Deutsche Anwaltsauskunft:

„Bei der Bundesrepublik Deutschland Finanzagentur GmbH handelt es sich um ein Unternehmen, das vollständig im Besitz des Bundes ist und sich kurz gesagt darum kümmert, dass Deutschland flüssig bleibt."

Trotzdem klinkte sich bald darauf der nächste „informierte Mensch" in den Kommentar-Thread ein:

Der Staat BRD existiert nicht, da die BR in D ein Handelsunternehmen ist. Und niemand, kein Gericht, keine Staatsanwaltschaft, keine Polizei, keine Behörde, auch ihr Helden nicht, kann das widerlegen.

Trefflicher könnte man das Problem mit den vorgeblich „kritischen Fragen" von Verschwörungstheoretikern kaum illustrieren.

- Redliche Fragesteller revidieren ihre Hypothesen, wenn auch ungern und oft erst nach enormem Gegendruck, wenn sie mit besseren Argumenten als falsch erkannt sind.
- Verschwörungstheoretiker hingegen konstruieren ihre eigene „Wahrheit", die in quasi sektenhaften Communities immer wieder neu bestätigt wird – wer sie kritisiert, gilt als Feind.[8]

Kurz gesagt: Verschwörungstheoretiker wollen verkünden, nicht diskutieren. Antworten sind gar nicht vorgesehen. Aus diesem Grund ist die Behauptung, kritisches Hinterfragen, gesunde Skepsis und das Streben nach Aufklärung werde als „Verschwörungstheorie" abqualifiziert, eine haltlose Unterstellung zur Selbstaufwertung. Verschwörungstheorien kommen allenfalls in Gestalt von scheinkritischen Fragen daher, hinter denen sich ein festgefügtes Weltbild verbirgt. Das gilt nicht nur für die Andrea K.s dieser Welt, sondern auch für Stars der Verschwörungs-Szene. Drei Beispiele:

Udo Ulfkotte und der Germanwings-Flug 4U9525

Nach dem Germanwings-A-320-Absturz am 24. März 2015 in den französischen Alpen, der nach dem Abschlussbericht der Kommission zur Flugunfalluntersuchung von dem Copiloten Andreas Lubitz bewusst und geplant herbeigeführt wurde, meldete sich der Verschwörungstheoretiker Udo Ulfkotte am 26. März bei dem „Alternativmedium" *Kopp-Online* zu Wort:

Warum hat bislang nicht ein deutscher Journalist auf die Sicherheitsprobleme beim A320 in Zusammenhang mit kontaminierter Kabinenluft (TCP-/ Aerotoxisches Syndrom) hingewiesen? Warum schweigen unsere Medien dazu? Warum lassen sie nur Sicherheits- und Luftfahrtexperten zu Worte kommen, die ständig gebetsmühlenartig wiederholen, es gäbe keine Sicherheitsprobleme?

Kritische Fragen, die sonst niemand zu stellen wagt? Mitnichten. Ganze 48 Stunden vor Ulfkottes konspirologischer Suada, noch am Unglückstag, schrieb *Spiegel-Online*:

Erneut in den Fokus geraten könnten nun aber die Zwischenfälle mit offenbar giftigen Kabinendämpfen. Das knapp verhinderte Unglück in Köln 2010 war der dramatischste Fall, aber auch danach wurden mehrfach Flüge wegen verdächtigen Geruchs abgebrochen – zuletzt im Mai 2014.

Focus-Online titelte am 25. März:

Airbus-Absturz: Verloren die Piloten durch giftige Gase das Bewusstsein?

Am selben Tag berichtete *tagesschau.de:*

Triebwerksausfall, giftige Dämpfe in der Kabine, Druckabfall? Luftfahrtexperte schildert mögliche Ursachen für den Absturz von Flug 4U9525.

Auch die übrigen „kritischen Fragen" des Publizisten und Autors (*Gekaufte Journalisten*, *Mekka Deutschland*) entpuppten sich als provokatorische Luftnummern:

Warum verschweigen ausnahmslos alle deutschsprachigen Medien, dass auch schon eine Air France-Maschine an der gleichen Stelle mit 44 Passagieren am Berghang zerschellte?

„Alle"? „Ausnahmslos?" Wiederum zwei Tage vor Ulfkottes Echauffiertheit stand bei *Welt-Online* zu lesen:

Es ist nicht das erste Mal, dass die unwirtliche Bergregion bei Barcelonnette Schauplatz eines Flugzeugabsturzes wird. Am 1. September 1953 verunglückte dort eine Lockheed Constellation von Air France auf dem Weg von Paris nach Saigon in Vietnam. 42 Menschen kamen seinerzeit ums Leben, als die Maschine nachts am 3100 Meter hohen Mont Cimet zerschellte, darunter der Violinist Jacques Thibaud und der Komponist René Herbin.

Und am 25. März bei *n-tv:*

Kein einmaliger Unglücksort – Bereits zweiter Absturz in der Alpen-Region.

Ulfkotte starb am 13. Januar 2017 an einem Herzinfarkt. Bei *Facebook* vergingen genau 16 Minuten von der Todesnachricht bis zur ersten Verschwörungstheorie, Ulfkotte sei mittels einer „Herzinfarkt-Pistole" des amerikanischen Geheimdienstes „zum Schweigen gebracht" worden.

Ken Jebsen und der „inszenierte Terror"

Nach dem islamistisch motivierten Terroranschlag auf die Redaktion der Satirezeitschrift *Charlie Hebdo* am 7. Januar 2015 in Paris spekulierte der Internet-Journalist und Verschwörungstheoretiker Ken Jebsen über „inszenierten Terror" im Auftrag der französischen Regierung und höhnte:

Ähnlich wie bei 9/11 hatte die Polizei wieder echtes Glück. Einer der Attentäter verlor seinen Ausweis! Diesmal im Fluchtwagen! Wer nimmt seinen Personalausweis mit, wenn er plant, Menschen im großen Stil zu erschießen? Nur radikale Moslems.

Die Frage kann man natürlich stellen. Aber mögliche Antworten interessieren Jebsen nicht im mindesten. Obwohl der ehemalige *rbb*-Moderator ein Jahr lang Zeit gehabt hätte, nachzuforschen, wiederholte Jebsen nach dem Anschlag auf den Berliner Weihnachtsmarkt am 19. Dezember 2016 die gleichen Mutmaßungen:

Warum haben Terroristen mit arabischem Hintergrund wohl offensichtlich eine Art Zwang entwickelt, ihre amtlichen Ausweispapiere mit sich zu führen, um diese am Tatort zurückzulassen? Hat es das bei Terroristen ohne arabischen Hintergrund je gegeben? Wie viele Fälle von zum Beispiel RAF-Terroristen sind bekannt, bei denen die Polizei nicht erst auf ein Bekennerschreiben warten musste, da die Attentäter ihren Personalausweis oder ein anderes amtliches Papier am Tatort zurückgelassen hatten?

Seit dem 11. September 2001, so die in den Massenmedien verkaufte Erzählung, ist ein neuer Tätertyp auf dem Terrormarkt aufgetaucht. Er hat den Grips, um seine Tat konsequent zu planen. Er hat den Mumm, diese Tat auszuführen. Er hat das Bedürfnis, seine Ausweispapiere während der Tat bei sich zu führen. Was dieser neue Tätertyp dann vollkommen vergisst, ist, seine Flucht und sein Untertauchen so zu organisieren, dass er seine Terrorerfahrung weiterhin benutzen oder diese an Dritte weitergeben kann.

Immer fliegt der arabische Täter schon kurz nach seiner Tat auf, da er seine Papiere am Tatort verliert oder aber drapiert oder weil er nicht in der Lage ist, im Anschluss an das verübte Verbrechen in den Untergrund zu verschwinden.“

In einem 15-minütigen Youtube-Video („Ausweise als Beweise") redet Jebsen von „Elefantenspuren" und „manipulierten Tatorten" und zieht dann über die Medien her:

In Berlin wird dieses Muster jetzt zum fünften Mal angewendet. Wann fragt eine unabhängige Presse mal nach? Was stimmt an dieser Presse nicht mehr, dass bei ihr selbst solche Elefantenspuren nach dem fünften Mal nicht mal mehr zu einem Augenbrauenzucken führen?

Wie jetzt? Der „Alternativjournalist" Ken Jebsen mit seiner Online-Plattform *KenFM* stellt Behauptungen auf und meint dann, andere sollen nachprüfen, ob sie stimmen? „Kritische Fragen" und eigene, fundierte, selbstkritische Recherchen sind offenkundig zwei Paar Schuhe. Derweil Jebsen lediglich seine Verschwörungstheorien pseudoargumentativ untermauerte, fragte die gescholtene Presse tatsächlich nach und förderte eine Reihe von Gründen für die zurückgelassenen Ausweise zutage, die von Hektik und Unfähigkeit der Täter über eine gezielte IS-Strategie bis hin Narzissmus und Heldenkult reichen.

Daniele Ganser und der Einsturz von WTC 7

Der Prototyp des „Ich stelle doch nur Fragen"-Konspirologen ist der Schweizer Historiker Daniele Ganser, der nach eigenen Angaben „vor allem die Energiewende und den globalen Kampf um Erdöl und Erdgas" untersucht. Als weiteres „Forschungsgebiet" nennt er die Terroranschläge vom 11. September 2001. Jedoch ist über wissenschaftliche Untersuchungen der Ereignisse, die von Ganser geleitet oder durchgeführt wurden, „nichts bekannt", merkt *Psiram* (das Wiki der irrationalen Überzeugungssysteme) an:

- Kein neues Faktum wurde je von ihm entdeckt.
- Keine einzige Hypothese lässt sich auf ihn zurückführen.

Auch Ganser betrachtet die Zuschreibung „Verschwörungstheoretiker“ als „Stigma“. So setzte er bei Twitter folgenden Tweet ab:

Der Begriff Verschwörungstheoretiker ist ein Kampfbegriff. Er taugt nicht, um den Einsturz von WTC zu erklären. Er wird von jenen verwendet, die nicht wollen, dass 9/11 neu untersucht wird, trotz der vielen offenen Fragen.

Allerdings gibt Ganser seit Jahren lediglich die immergleichen Fragen als offen aus, die längst eine plausible und naheliegende Erklärung gefunden haben. Sein nominell stärkstes Argument ist der nahezu unbeschädigte Pass des Attentäters Satam al-Suqami, der in den Trümmern der Zwillingstürme gefunden wurde. Abgesehen von der Frage, warum die US-Behörden den Ausweis in der Nähe des Tatorts hätten platzieren sollen, verschweigt Ganser, dass im 9/11 Memorial & Museum hunderte Gegenstände aus dem Innenraum der Crash-Flugzeuge wie Handys, Geldbörsen, Filzpantoffeln zu sehen sind – und dass auch Objekte aus Pappe und Papier die Katastrophe überstanden haben, zum Beispiel ein Notizzettel mit Fluginformationen. Ein oft genanntes Gegenbeispiel zu Gansers Unwahrscheinlichkeitshypothese sind die Würmer, die sich zu Experimentierzwecken an Bord der Columbia befanden und den Absturz der auseinandergebrochenen und vollständig zerstörten Raumfähre am 1. Februar 2003 überlebten.

Ganser macht sich im Wesentlichen die Darstellungsweise der amerikanischen „9/11 Truth Movement“-Bewegung zu eigen, die davon überzeugt ist, 9/11 sei „ein Insidejob“ gewesen. Der Schweizer Journalist Christoph Kummer beschreibt seine Begegnung mit 9/11-Truthern so: „Es wird gerne darauf verwiesen, man denke wissenschaftlich und skeptisch. Das stimmt jedoch nicht. Mit Wissenschaftlichkeit hat die Herangehensweise vieler Truther wenig zu tun. Eher mit selektiver Wahrnehmung, die durch politische Ideen (generelle Kritik an Mächtigen oder konkret am US-Im-

Verschwörungstheorie" – eine Erfindung der CIA?

Zahlreiche „alternative" Webseiten behaupten, der Begriff „conspiracy theory" sei vom amerikanischen Geheimdienst CIA erfunden worden, um Kritiker des Warren-Reports (nach dem John F. Kennedy von Lee Harvey Oswald als alleinigem Täter erschossen wurde) öffentlich zu denunzieren. Als Beweis dient das CIA-Dokument #1035-960 aus dem Jahr 1967. Darin werde das Wort „Verschwörungstheoretiker" als „Kampfbegriff der psychologischen Kriegsführung" etabliert. Beides ist falsch.

Im deutschsprachigen Raum findet sich das Wort „Verschwörungstheorie" bereits 1787 im *Journal für Freymaurer*. In amerikanischen Zeitungen kursierte der Begriff um 1880, und zwar im Zusammenhang mit der Aufklärung von Verbrechen. Bei einem ungelösten Todesfall stellten die Ermittler zum Beispiel eine „suicide theory", eine murder theory" und eine „conspiracy theory" einander gegenüber – letztere keineswegs abwertend, sondern als Beschreibung des unerkannten Zusammenwirkens mehrerer Personen.

Als 1967 das CIA-Dokument #1035-960 herausgegeben wurde (das tatsächlich eine Art Argumentationshilfe für Geheimdienstmitarbeiter enthielt, wie sie mit „conspiracy theories" umzugehen hätten, etwa indem sie unliebsame Vorwürfe als „kommunistisches Geschwätz" negieren sollten etc.), war der Begriff „Verschwörungstheorie" längst in Verruf geraten. Federführend dabei waren Karl Popper (*Die offene Gesellschaft und ihre Feinde*, 1945) und der US-Historiker Richard Hofstadter (*The Paranoid Style in American Politics*, 1965) gewesen. Die CIA brauchte also weder den Ausdruck „Verschwörungstheoretiker" zu erfinden noch absichtsvoll für dessen Delegitimierung zu sorgen. Man klinkte sich lediglich in das geistige und gesellschaftliche Klima jener Zeit ein.

perialismus) bestimmt wird. Die Truther zeigen auf Lücken in der offiziellen Darstellung, stricken daraus eine Geschichte, aber vernachlässigen dabei die überwältigende Anzahl an Indizien und Belegen, welche für die offizielle, von den meisten Historikern gestützte Version sprechen."[9]

Kurioserweise bestätigt Ganser diese Vorgehensweise für sich selbst in einem Interview[10] mit dem Webmagazin *watson*: „Meine Technik ist es, viel wegzulassen und mich auf ein Detail zu konzentrieren." Und obwohl Ganser Journalisten öffentlich auffordert, „bekannt schlechte Quellen zu meiden", stützt er sich maßgeblich zum Beispiel auf das Buch *Der mysteriöse Einsturz von World Trade Center 7: Warum der offizielle Abschlussbericht zum 11. September unwissenschaftlich und falsch ist* des emeritierten Theologie-Professors David Ray Griffin. Warum sich ein Theologe mit Hochhäusern und Flugzeugen auskennen sollte, „weiß nur der liebe Gott" *(Belltower News)*. Darüber hinaus scheint Ganser das geflügelte Wort „Cui bono?" für eine kritische Frage zur Wahrheitsfindung zu halten: „Sie müssen sich bei den Terroranschlägen vom 11. September 2001 immer fragen: Wer profitiert davon?"

Seiner Meinung nach die US-Regierung, die damit Erdölkriege vor der Bevölkerung rechtfertigen könne. Das Problem damit: Jemand, dem ein Ereignis nützt, kann der Urheber sein, aber er muss es nicht sein. „Cui bono?" ergibt keineswegs eine zwingende Ableitung. Ganz im Gegenteil: Nach der üblichen verschwörungstheoretischen Dialektik müssten die Profiteure gerade unverdächtig sein, denn versierter Verschwörer würde sich doch niemals dadurch zu erkennen geben. Die moderne Argumentationstheorie hat das Prinzip längst als Fehlschluss erkannt. Nicht von ungefähr nennt der Journalist und Blogger Sascha Lobo die Phrase „Cui bono" das „dümmsten Nullargument, das Arschgeweih der Verschwörungstheorie".

Wer auf diese Punkte hinweist, wird von Ganser-Claqueuren moralisierend als unzulässig kleinlich bezeichnet[11] – wo doch so große Themen wie Krieg, Medienmanipulation und politische Einflussnahme verhandelt würden. Daneben decken Gansers Anhänger (die von dem Schweizer Digitalexperten Philippe Wampfler als – möglicherweise sogar organisierte – „Bewegung" charakterisiert werden) Ge-

genredner mit vielfach identischen Mails oder Kommentaren ein, in denen es beispielsweise heißt, Ganser sei doch kein Verschwörungstheoretiker, sondern lediglich „systemkritisch“, und Kritik an ihm rieche nach „neoliberaler und amerikafreundlicher Lobbyarbeit“. Allerdings wird Ganser nicht deswegen als Verschwörungstheoretiker betitelt, weil er sich „systemkritisch“ äußert.

Ganser-Kritiker machen ganz andere Gründe dafür geltend: Ganser verkleide eigene Thesen und Vermutungen als Fragen, für die er Aufklärung fordert. Damit entledige er sich der Pflicht, Belege selbst zu erbringen. Er präsentiere sich als seriöser, aber unbequemer Wissenschaftler mit Doktortitel, halte sich jedoch weder in seinen Büchern noch in seinen Vorträgen an etablierte Standards der Geschichtswissenschaft. Er bearbeite weder Quellen noch historische Fachliteratur, sondern verbinde lässig im Browser abrufbare Dokumente.

Darüber hinaus zitiere Ganser Quellen, die nicht verlässlich sind, und nur „Kollegen“, die seine Thesen stützen. Alle anderen wissenschaftlichen Erkenntnisse würden ausgeblendet. Er ziehe Schlüsse, die zwar argumentativ geschickt konstruiert sind und plausibel oder zumindest möglich klingen, sich aber nicht belegen lassen. Er manipuliere sein Publikum, indem er Informationen zurückhält und scheinbar kritische, tatsächlich jedoch suggestive Fragen stellt. Er nehme einige ausgewählte Fakten und reihe sie so auf, dass sie nur eine mögliche Antwort implizieren. Er liefere keine Belege für die spekulativen Erklärungsansätze, die er wohlwollend präsentiert. Er empfehle „alternative“ Webseiten und Youtube-Videos, die Gansers Lieblingsthemen neben abstrusesten Geschichten über Ufo-Angriffe und Hillary Clintons Pädophilen-Pizzeria präsentieren.

Nach dem Anschlag vom Breitscheidplatz feierte die *Berliner Zeitung* Ganser als „Friedensforscher“, der „jetzt vielen Mut macht“. Genau ein Jahr später, am 19. Dezember 2017, teilte Ganser auf seiner Facebook-Seite einen Artikel

Gansers Behauptungen – und was dran ist

Ganser behauptet (oder zeigt) …

- das Nebengebäude WTC 7, in das kein Flugzeug hineinflog, werde im „offiziellen Bericht zu den Terroranschlägen" nicht erwähnt.

… und vermittelt damit die Botschaft:

- die Berichte seien unvollständig. Der Einsturz des WTC 7 werde verschwiegen, um die Hintergründe zu vertuschen.

Ganser unterschlägt …

- dass es in diesem „offiziellen Bericht" nur um die Vorbereitung und den Ablauf der Anschläge auf die Zwillingstürme ging. WTC 7 war aber kein Anschlagsziel, sondern ein Kollateralschaden.
- ein eigenständiger, detaillierter Untersuchungsbericht zum Einsturz von WTC 7 existiert (in seinen Vorträgen erwähnt er diesen Bericht später, nachdem der Überraschungseffekt lange genug wirken konnte).

Ganser behauptet (oder zeigt) …

- Das WTC sei in freiem Fall eingestürzt.

… und vermittelt damit die Botschaft:

- die offiziellen Analysen seien mit den Gesetzen der Physik unvereinbar (weil ein Teil der Fallenergie in Zerstörungsarbeit umgesetzt werden muss).

Ganser unterschlägt …

- dass nur die Außenwand während des Einsturzes für einige Sekunden eine Beschleunigung im freien Fall erreichte – was nichts über die Fallgeschwindigkeit des Gesamtgebäudes aussagt.

Ganser behauptet (oder zeigt) …

- dass Experten es für unmöglich halten, Stahlbetonbauten durch Brände zum Einsturz zu bringen.

… und vermittelt damit die Botschaft:

- die Untersuchungsberichte seien unplausibel.

Ganser unterschlägt …

- dass WTC 7 kein Stahlbetonbau, sondern ein Stahlskelettbau war – ein Gebäudetyp, der schon mehrfach aufgrund von Brandschäden eingestürzt ist.
- dass WTC 7 bauliche und für den Einsturz relevante Besonderheiten aufwies.

Ganser behauptet (oder zeigt) …

- Die BBC habe den Einsturz von WTC 7 verfrüht gemeldet.

… und vermittelt damit die Botschaft:

- eine verdeckt durchgeführte Sprengung sei durch Fehler bei der Geheimhaltung vorzeitig bekannt geworden.

Ganser unterschlägt …

- dass der Einsturz von WTC 7 wegen zunehmender Instabilität früh angekündigt und bereits mehrere Stunden lang erwartet worden war.

Ganser behauptet (oder zeigt) …

- Videoausschnitte, die einen symmetrischen Einsturzvorgang zeigen.

… und vermittelt damit die Botschaft:

- Untersuchungsberichte, wonach der Einsturz auf der Ostseite des Gebäudes begonnen hatte, seien offenbar falsch.

Ganser unterschlägt …

- Videosequenzen, auf denen die ersten Sekunden des Einsturzes zu sehen sind und die deutlich erkennen lassen, wie auf dem Dach von WTC 7 zuerst das Penthouse auf der Ostseite kollabiert.

https://www.psiram.com/de/index.php/Daniele_Ganser
http://www.blog-der-republik.de/medial-vermittelte-feindbilder-und-die-anschlaege-vom-11-september-2001/

des Verschwörungstheoretikers Elias Davidsson für die Onlinepublikation *Rubikon* („Magazin für die kritische Masse – Wir berichten über das, was in den Massenmedien nicht zu finden ist") und schrieb dazu:

Am Abend des 19. Dezembers 2016 gegen 20 Uhr soll ein Sattelschlepper mit 60 km/h in die Menschenmenge des Weihnachtsmarkts am Breitscheidplatz in Berlin hineingerast sein. Der Lkw soll den Tod von 12 Menschen verursacht haben. Der Forscher Elias Davidsson hat den Terroranschlag untersucht und ein Buch zum Thema veröffentlicht mit dem Titel „Der gelbe Bus". Davidsson weist auf Ungereimtheiten und offene Fragen hin und fordert, dass auch dieser Terroranschlag neu untersucht werden müsse.

Zu Davidssons „offenen Fragen" gehört die Mutmaßung, es sei „nicht eindeutig geklärt, ob Menschen tatsächlich in dieser Operation [gemeint ist der LKW-Anschlag] gestorben sind". Angehörige der Opfer zu besuchen und mit ihnen zu sprechen, wie zum Beispiel *Der Spiegel* (49/2017) oder *Cicero* (1/2018) dies taten, kam Davidsson nicht in den Sinn. Unter Gansers völlig unkritischer Artikel- und Buchempfehlung versammelte sich seine einschlägige Klientel und hinterließ Kommentare wie:

Dieser „Anschlag" hat False Flag quer über die Stirn tätowiert, deutlicher geht es nicht mehr, ich hab's sogar bei der Live-Berichterstattung sofort bemerkt, und das mit den offiziell über den Fernseher zur Verfügung gestellten Daten. Polizei-Inside-Job!

Dass Ganser solche haltlosen Unterstellungen auf seiner Seite zulässt, halten Beobachter für einen wesentlichen Teil seiner Masche: Ganser könne so ihre Wirkung abschätzen und greife sie etwas später offiziell auf. Ganser selbst sitzt im *Rubikon*-Beirat (was er mit dem Statement begründet: „Wir brauchen Medien wie den *Rubikon*, die zeigen, wie Kriegspropaganda funktioniert.") und bezweifelt auch die

„offiziell dargestellte Geschichte" des Terroranschlags auf *Charlie Hebdo* („Es stellt sich die Frage, ob ein Attentäter seinen Ausweis tatsächlich mit zum Tatort nehmen würde."). Außerhalb der Filterblase von Gansers Followern quittierte man das Posting des Schweizer Gegenöffentlichkeits-Stars mit Kopfschütteln, etwa in der Facebook-Gruppe *Nothing but the Truth*: „Wenn mir jetzt noch mal einer kommt, dass der Ganser doch gar kein Verschwörungstheoretiker wäre und alles Hand und Fuß hätte, was der erzählt (meinte einer meiner Kollegen neulich nämlich), dann werde ich wohl unangenehm."

Als Fragen getarnte Vermutungen und Behauptungen

Eingedenk dieser Beispiele ist man versucht, dem *jetzt*-Magazin zuzustimmen, das über Verschwörungstheoretiker sinngemäß schrieb, ihre „kritischen Fragen" seien so produktiv für einen echten Erkenntnisgewinn wie der Kaufmannsladen eines Vorschülers für das Bruttosozialprodukt.[12] Im Grunde handelt es sich bei den „kritischen Fragen" von Verschwörungstheoretikern um eine Form von plumper, entpolitisierter Elitenkritik – anstatt die Verhältnisse in unserer immer komplizierter werdenden Welt plausibel und nicht nur eindimensional zu erklären. Aber Verschwörungstheoretiker wissen natürlich ganz genau, dass in unserer gegenüber Wahrheitsbehauptungen misstrauischen Gesellschaft gerade die scheinbar offene Form „Ich sage ja nicht, dass …, ich frage nur" die Attraktivität ihrer Verschwörungstheorien ausmacht.

Denn die angeblichen „Fragensteller" müssen dabei die Verschwörer nicht explizit benennen:[13] „Eine solche Verschwörungstheorie kann sich ganz darauf beschränken, in den leeren Raum, den ihre Fragen öffnen, ihre unausgesprochenen Antworten als bloße Vermutungen stehen zu lassen", beleuchtet der Schweizer Neuhistoriker Philipp Sarasin diese perfide Masche. „Durch die Behauptung aber, nur Fragen zu stellen und keine Aussagen zu machen, ist sie nicht zu widerlegen Mit diesen als Fragen getarnten Vermutungen dringen Behauptungen und politische Vorurteile in den öffentlichen Raum ein, die sich in einer offenen Debatte nicht legitimieren ließen. Der Verschwörungstheoretiker konstruiert im Grunde einen diskursiven Ausnahmezustand: Nur weil ein 'Notstand' zu benennen sei, der in der 'Lügenpresse' nicht benannt werde, und nur, weil auf eine 'Katastrophe' hingewiesen werden müsse, die unter den Teppich gekehrt werde, fühlt sich der Verschwörungstheoretiker dazu ermächtigt, nun doch den Verdacht – die bloße Frage! – zu äußern, ob nicht doch 'die Juden' das Bankensystem manipulieren, ob nicht doch die CIA eine so finstere Macht sei, dass sie 9/11 inszeniert habe, ob nicht doch die Mächtigen in Brüssel wirklich die europäischen Völker durch die 'ungebremste' Migration zerstören wollen, oder ob wir nicht doch alle durch 'Chemtrails' vergiftet werden."

Natürlich gibt es zahlreiche offene Fragen rund um den 11. September 2001, wie etwa die kumulativen Versäumnisse und Fehlleistungen von FBI und CIA im Vorfeld der Anschläge, hemmende Rechtshindernisse bei der Aufklärung der Geschehnisse oder das ganze Ausmaß der Rolle Saudi-Arabiens. Doch Verschwörungstheoretiker tragen zu einer investigativen Recherche und zur Aufklärung nichts bei. „Da sind Journalisten, die in jahrelanger Arbeit Quellen kontaktieren und Archive auswerten, im Vorteil", erklärt die Schweizer Fachstelle für Sektenfragen *Infosekta*. „Sie werden nicht von einer grundlegenden Frustration der Welt gegenüber und einem Ohnmachtsgefühl angetrieben."

In der Tat. Denn das Faktum, dass die US-Regierung zum Beispiel bei ihrer Argumentation für den Irak-Krieg gelogen hat (Saddam Husseins angebliches Arsenal an Massenvernichtungswaffen), bedeutet nicht automatisch, dass sie dies auch bei 9/11 getan hat, wie Ganser und Co. zu suggerieren versuchen. Verschwörungstheoretiker stellen nicht nur keine kritischen Fragen, sondern verhindern sogar eine wirklich kritische Auseinandersetzung mit der Realität, wie die Netzaktivistin Annika Kremer überzeugend darlegt: „Während man Misstrauen und kritisches Hinterfragen predigt – an sich durchaus sinnvolle Ratschläge –, wird den Veröffentlichungen selbst ernannter Gurus oder ‘alternativer Medien’ blind Glauben geschenkt. So ist eine informierte Meinungsbildung, die alle Seiten berücksichtigt, praktisch ausgeschlossen. Alles, was der jeweiligen Theorie widerspricht, wird als Propaganda oder als Irrtum verblendeter Schlafschafe abgetan. Wer glaubt, den Schuldigen für – zweifellos reale – soziale Missstände und Ungerechtigkeiten gefunden zu haben, der hört auf zu fragen. Glaubt man, dass die Bilderberger oder die jüdische Weltverschwörung an allem Übel schuld sind, verliert man leicht die weitaus kompliziertere – und keineswegs weniger besorgniserregende – Realität aus den Augen.“[14]

Und nicht zuletzt: Wer erleben möchte, wie Verschwörungstheoretiker selbst auf kritische Fragen reagieren, braucht solche nur in einer Facebook-Gruppe von 9/11-Truthern, Chemtrailern, Impfgegnern, Klimawandelleugnern oder ähnliches zu stellen. Wer sich diese Erfahrung ersparen möchte, kann sich von der ehemaligen Verschwörungstheoretikerin Stephanie Wittschier erklären lassen, wie es dann weitergeht. Die heute Mittdreißigerin war mehrere Jahre lang Teil einer Verschwörungscommunity und weiß am besten, wie man dort mit Fragenden umgeht: „Du sendest deinem ungläubigen oder unwissenden Gegenüber YouTube-Videos von langanhaltenden Kondensstreifen. Dann sagst Sachen wie: Schau doch in den Himmel, es ist offensichtlich. Man befasst sich dabei aber gar nicht genau mit der Materie oder den technischen Widersprüchen, sondern schreibt einfach irgendwas als Erklärung dazu, was sich nur möglichst plausibel, in sich geschlossen und sehr informiert anhört.

Also wie Wissenschaft klingt. Und das lässt man dann in den Leuten arbeiten."[15]

Und wenn jemand trotzdem weiter fragt? „Innerhalb der Communitys und Foren wird man die ganze Zeit mit Ideologien überflutet, es wird auf einen eingeredet, sobald man etwas anzweifelt." Kritiker der jeweiligen Theorie werden angegriffen und als bezahlte Systemtrolle, Desinformanten oder Marionetten beschimpft – bis sie schließlich rausfliegen. Denn mit „Hinterfragen" meinen Verschwörungstheoretiker eigentlich nur, dass man sich so erschöpfend auf ihre Verschwörungstheorie fokussieren soll, bis man sie glaubt.

●●● **Fazit:** Verschwörungstheoretiker stellen Ereignisse nicht produktiv infrage, um sich zweifelnd Wissen zu erarbeiten – sondern praktizieren eine destruktive Pseudoskepsis, hinter der eine selbstgerechte, scheinkritische Haltung steht. Statt neue Erkenntnisse zu generieren, wiederholen sie stereotype Feindbilder, statt dialogischer Offenheit fördern sie monologische Spaltung. Verschwörungstheoretiker sehen sich als Systemkritiker, die nicht auf „Täuschungen" hereinfallen, und stellen die etablierten Medien unter Generalverdacht, sind aber völlig fraglos überzeugt von ihren eigenen „Enthüllungen" und vorgeblichen neuen Wahrheiten der „Alternativmedien". Ihr angebliches Misstrauen ist eine vorgeschobene Ablehnung, um das eigene Weltbild aufrechtzuerhalten. ●●●●●●●●●●●

Verschwörungstheoretiker sind vernünftiger

●●● **Behauptung:** „Eine Forschergruppe aus den USA und Großbritannien hat eine Studie vorgestellt, welche darauf schließt, dass Verschwörungstheoretiker entgegen allen Mainstream-Stereotypen vernünftiger sind als Menschen, welche die offizielle Version nicht hinterfragen und umstrittene Ereignisse einfach akzeptieren." ●●●●●●●●●●●●●●●●●●●●●●

Diese steile These kursiert seit 2014 im Internet. Sie wird von „Alternativmedien" wie *Exopolitik* oder *Uncut-News* begeistert perpetuiert und mit Überschriften wie „Studie enthüllt: Verschwörungstheoretiker sind die Vernünftigsten von allen" zu absurden Superlativen aufgebauscht. Das macht die Behauptung aber nicht richtiger.

Die zugrundeliegende Arbeit heißt *What about building 7? A social psychological study of online discussion of 9/11 conspiracy theories* und ist im Sommer 2013 in dem Open-Access-Journal *Frontiers in Psychology* erschienen. Die Autoren Michael J. Wood und Karen M. Douglas, Psychologen an der University of Kent, analysierten zehn Jahre nach den Terroranschlägen vom 11. September 2001 die Leserkommentare in den Online-Portalen von ABC, CNN, *Independent* und *Daily Mail* – insgesamt 2174 Kommentare von 1156 Schreibern. Davon stuften sie 1459 als verschwörungsaffin ein.

Dass Verschwörungstheoretiker „vernünftiger" seien als die Verfechter der „offiziellen" Version, findet sich in der Arbeit mit keinem Wort. Das Resultat war vielmehr, dass „konventionelle" Kommentare (also von Lesern, die die offizielle Version der Ereignisse unterstützen), aggressiver und „feindseliger" rüberkommen. Wobei allerdings auf einer festgelegten Aggressions-Skala von 1 bis 5 der Unterschied zwischen Level 1.4 (Verschwörungsgläubige) und Level 2.0 (Verschwörungsablehner) nicht gerade überbedeutsam ist.

Offenbar interpretieren die Bejubler der Studie „hostile" (feindselig) als Gegenteil von „vernünftig" und sehen im Umkehrschluss Verschwörungsgläubige als „vernünftiger" an. Das ist jedoch semantisch nicht korrekt, steht auch nicht in der Arbeit und ist zudem nicht im Sinne der Autoren. Wood/Douglas heben keineswegs zur Verteidigung von Verschwörungsgläubigen an, im Gegenteil. Die Studienleiter schreiben Verschwörungstheoretikern ein beinahe metaphysisches Weltbild zu, welches auf Überzeugungen „höherer Ordnung" gründe, beispielsweise auf dem Misstrauen gegenüber Autoritäten, auf dem Glauben, dass nichts so ist, wie es scheint, und dass das Meiste, was uns erzählt wird, eine Lüge ist. Dabei jagten sie lediglich zufälligen Anomalien oder falschen Daten hinterher.

Verschwörungstheoretiker praktizieren mithin das Gegenteil von Vernunft. Verschwörungstheoretiker „glauben" und „fühlen", dass sie recht haben, sie jonglieren mit Assoziation und Suggestion statt mit Logik und Empirie und haben gelernt, jeden Widerspruch als Bestätigung zu deuten. Genau das geht aus der Studie von Michael J. Wood und Karen M. Douglas hervor. Die beiden Forscher stellten weiter fest, dass Verschwörungstheoretiker eher den allgemein akzeptierten offiziellen Hintergrund eines Ereignisses anzweifeln, als dass sie die eigene Verschwörungstheorie argumentativ verteidigen oder untermauern können. Das heißt: Egal wie widersprüchlich oder versimplifizierend eine Verschwörungstheorie ist – sie wird herangezogen, wenn sie zu der persönlichen Grundannahme passt, dass der allgemeine Konsens falsch ist. Das führt mitunter zu kuriosen Überdrehtheiten.

Wood / Douglas fragten Probanden nach deren Zustimmung zu verschiedenen Verschwörungstheorien – unter anderem zum Tod von Prinzessin Diana und dem von Osama bin Laden. Die Teilnehmer konnten bis zu fünf unterschiedlichen Versionen einen persönlichen Plausibilitätsgrad zumessen, zum Beispiel „There was an official campaign by MI6 to assassinate Diana, sanctioned by elements of the establishment" oder „Diana faked her own death so that she and Dodi could retreat into isolation" beziehungsweise „Osama bin Laden was killed in the American raid" oder „Osama bin Laden is still alive". Diejenigen, die der offiziellen Version von vornherein misstrauten, beurteilten gleich mehrere Alternativen als glaubwürdig, auch wenn diese sich gegenseitig ausschlossen. So kreuzten Teilnehmer an, dass Bin Laden derzeit noch lebe, als zugleich auch, dass Bin Laden schon vor dem US-Attentat tot gewesen sei. „Hauptsache dagegen" zu sein ist aber ziemlich unvernünftig.

●●● **Fazit:** Wie so oft in der Konspirologen-Szene beruht die Behauptung, Verschwörungstheoretiker seien vernünftiger als der Mainstream, auf der willkürlichen Missinterpretation einer psychologischen Studie. Tatsächlich steht in der Arbeit das Gegenteil. Eine vernünftige Skepsis schlägt bei Verschwörungstheoretikern um in einen kontrafaktischen Allesglauben, bei dem die These jedes noch so absurde Pseudoargument heiligt. ●●●●●●●●●

Verschwörungstheoretiker sind Wahrheitssucher

●●● Behauptung: „Es gibt viele Bezeichnungen für sie, wovon die Wortschöpfung 'Verschwörungstheoretiker' die geläufigste sein dürfte. Das geht von 'Spinner' über 'Frei-/Querdenker' bis hin zu 'Staatsfeind/Verrückter'. Doch im Prinzip sind die meisten davon Wahrheitssucher, Menschen, die den 'Grund von allem' hinter der Matrix unserer Realität suchen." (*Contra-Magazin*) ●●●●●●●

Verschwörungstheoretiker sind nicht nur kein Stück „vernünftiger", sie stellen keine kritischen Fragen und sie sind auch keine „Wahrheitssucher", zu denen sie sich gerne selbst stilisieren. Zu diesem Ergebnis kommt die Studie *Political Extremism Predicts Belief in Conspiracy Theories* im Fachjournal *Social Psychological and Personality Science* (2015). Die Psychologen Jan-Willem van Prooijen (Universität Amsterdam) und André P. M. Krouwel (Netherlands Institute for the Study of Crime and Law Enforcement) charakterisieren darin Konspirologen als Starrköpfe, die an einem strikten Glaubenssystem festhielten, welches einfache Antworten auf komplexe Fragen und Zusammenhänge liefere – vergleichbar mit extremen politischen Ideologien.

Als Beispiel soll wiederum der Youtube-Star Ken Jebsen und seine Herangehensweise an den Anschlag auf *Charlie Hebdo* am 7. Januar 2015 dienen. In weniger als drei Stunden nach den Terrormorden in der Pariser Redaktion kam der populäre Verschwörungstheoretiker mit einem Facebook-Posting heraus, in dem er geheimniste:

„Was auffällt ist, dass auch dieses Verbrechen schon geklärt zu sein scheint, bevor die Ermittler eine SoKo zusammenstellen konnten. Es müssen Moslems gewesen sein. Genau wie am 11. September 2001. New York wie Paris wurden nach eigenen Angaben völlig überrascht, und dennoch ist in beiden Fällen immer schon Minuten nach den Anschlägen glasklar, in welchem Milieu die Täter zu finden sein müssen."

Uns fällt dagegen auf, dass für Jebsen schon unmittelbar nach dem Anschlag zweifelsfrei feststand, dass die „offizielle Version" nicht stimmt – ohne reflektierend innezuhalten, ohne erst einmal selbst zu recherchieren, nur aufgrund von ein paar Web-Links, die er sich aus den „Mainstreammedien" (*Focus-Online*, *Spiegel-Online*, n-tv) zusammenklaubte. „Die großen Medien mögen 'zur Nichtratlosigkeit verdammt' sein, sie müssen alles sofort erklären", wie der *Spiegel-Online*-Kolumnist Sascha Lobo selbstkritisch anmerkte. Wieso aber Verschwörungstheoretiker als selbst ernannte „Wahrheitssucher" und angeblich akribisches Pendant zur „Lügenpresse"?

Das Online-Magazin *Vice* brachte es einen Tag nach dem Anschlag auf den Punkt: „Es gilt nun, die offiziellen Ermittlungen abzuwarten (und dies dann, wenn nötig, auch kritisch zu begleiten), aber auf ein Attentat mit den immergleichen verschwörungstheoretischen und teils antisemitischen Reflexen zu reagieren, entlarvt höchstens den Wahn der virtuellen Pseudo-Enthüller. Wenn wir von irgendetwas mehr als genug haben, dann sind es Fantasien von Gewalt, Macht und dunkler Unterdrückung. Da ist jedes ewig gleiche Mossad-Antisemitismus-Amerika-New-World-Order-Gesülze ein Stück verschwendeter Internet-Speicher zu viel."[16]

●●● **Fazit:** Verschwörungstheoretiker ziehen zwar alle möglichen Verschwörungstheorien in Betracht, aber würden im Traum nicht darüber nachdenken, ob offizielle Berichte und die Tagesnachrichten nicht vielleicht doch korrekt sein könnten. Ein Realitäts- oder auch nur Plausibilitätscheck findet nicht statt. Dass der Begriff „Verschwörung“ heutzutage kaum mehr analytisch verwendet werden kann – daran sind „Truther“ und Verschwörungstheoretiker selbst schuld. ●●●●●●●●●●●

Es gibt viele wahre Verschwörungstheorien

●●● Behauptung: Verschwörungstheorien sind oft falsch, total abwegig oder einfach unvorstellbar. Aber es gibt auch wahre Verschwörungstheorien, die wirklich passiert sind. Man erinnere sich: Hätte jemand vor ein paar Jahren behauptet, dass der amerikanische Geheimdienst weltweit alle E-Mails und Telefondaten abspeichert und viele Politiker in aller Welt überwacht, so wäre er als paranoider Anhänger einer absurden Verschwörungstheorie abgestempelt worden. ●●●●●●●●

Die Sprachschöpfung „wahre Verschwörungstheorie" ist eigentlich ein Oxymoron, denn zwischen „wahr" und „Verschwörungstheorie" besteht eine Antonymie. Eine „wahre Verschwörungstheorie" wäre nichts anderes als eine Verschwörung. Verschwörungen hat es natürlich immer gegeben und gibt es nach wie vor, von Caesars Ermordung über die Pulververschwörung zur Sprengung des britischen Parlaments bis hin zu den Aktivitäten der Geheimorganisation Propaganda Due (P2), die in den 1970er-Jahren Pläne für einen Staatsstreich in Italien entwickelt hatte. Laut Thomas Grüter ist die älteste schriftlich überlieferte Verschwörung auf etwa 2000 vor Christus datiert. Pharao Amenemhet I. wurde von einer Gruppe von Verschwörern im Schlaf ermordet, genauer gesagt von Mitgliedern seiner Leibgarde, die ihn eigentlich schützen sollten.

Darum geht es aber nicht, sondern um die Frage, ob es Verschwörungstheorien gibt, die ein realistisches Bild einer echten Verschwörung gezeichnet haben. Verschwörungstheoretiker beantworten dies mit einem nachdrücklichen „Ja". Googelt man aber konkret nach „wahren" oder „bewiesenen" Verschwörungstheorien, stößt man auf ein wahlloses Sammelsurium von fast allem, was böse und schlecht ist. Praktisch jede Gruppe, die sich heimlich oder auch nur unmoralisch betätigt, wird schon als eine Verschwörungstheorie gewertet.

Das liest sich dann etwa so:

Wir wissen, dass wir abgehört, ausgenutzt und belogen werden. Wir wissen, dass die Umwelt zerstört, die Entwicklungsländer ausgebeutet und Wahlen gefälscht werden [...] Wer sich gegen die bezahlte Regierungsmeinung oder das Imperium wendet und kritische Fragen stellt erhält schnell den Titel „Verschwörungstheoretiker", dann wird munter vertuscht, gelogen und betrogen. Irgendwie muss man schon wegrationalisieren, dass die blöden Verschwörungstheoretiker doch Recht hatten. Anders gesagt, sobald die Wahrheit für die Regierung und ihr Propagandaministerium unbequem wird, wird sie zur Verschwörungstheorie umdefiniert, womit eine absurde und lächerliche Erklärung gemeint ist, die wir besser ignorieren sollten.

Da haben wir sie wieder, die Selbststilisierung von Verschwörungstheoretikern zu „kritischen Fragestellern" und „Wahrheitssuchern". Tatsächlich ist es genau umgekehrt: Verschwörungstheoretiker definieren Bestechungen, Manipulationen, Regierungslügen, Falschmeldungen, politische Strippenziehereien, Vertuschungen, verdeckte Operationen, geheimdienstliche Destabilisierungsaktionen, Staatsstreiche etc. undifferenziert zu „Verschwörungen" um. Und jedes Bekanntwerden solcher Vorgänge ist für sie „eine wahre Verschwörungstheorie, die wirklich passiert ist". So kursieren im Internet Geschehnisse wie beispielsweise das „Celler

Das „Celler Loch“: 1978 sprengte der Verfassungsschutz ein Loch in die Außenmauer der Justizvollzugsanstalt Celle. Mit dem simulierten Bombenanschlag sollte eine missglückte Befreiungsaktion für den mutmaßlichen RAF-Terroristen Sigurd Debus vorgetäuscht werden. Zweck der Aktion war es, einen Informanten in die RAF einzuschleusen. Die Hintergründe kamen 1986 durch die *Hannoversche Allgemeine Zeitung* ans Licht.

Die „Brutkastenlüge“: Im Oktober 1990 erzählte eine angeblich 15-jährige Hilfskrankenschwester aus Kuwait im amerikanischen Kongress, dass irakische Soldaten beim Einmarsch in Kuwait ihr Krankenhaus überfallen und Frühgeborene getötet hätten. In Wirklichkeit war das Mädchen Teil einer Kampagne der PR-Agentur Hill & Knowlton, die im Auftrag der Organisation Citizens for a free Kuwait die öffentliche Meinung in den USA zugunsten einer militärischen Intervention zur Befreiung Kuwaits beeinflussen sollte. Erst nach dem Golfkrieg flog die Lüge auf.

Loch“ oder die „Brutkastenlüge“ als „bewiesene Verschwörungstheorien“ – obwohl es sich dabei korrekterweise um eine Agentenaffäre im ersten Fall und um Medienmanipulation und Desinformation im zweiten handelte.

Allerdings profitieren Verschwörungstheoretiker dabei von der bereits erwähnten Problematik, eine allgemein anerkannte Definition für die Begriffe „Verschwörungstheorie“ und „Verschwörung“ zu finden. Nach Daniele Ganser ist eine Verschwörung lediglich „eine geheime Absprache zwischen zwei oder mehr Menschen, um zusammen ein Ziel zu erreichen“. Damit wäre auch eine Überraschungsparty im Büro für einen Jubilar oder der Weihnachtsmannbesuch im Kindergarten eine Verschwörung. Und schon gar spektakuläre geheime Absprachen wie das Celler Loch oder die Brutkastenlüge.

Aber selbst wenn wir dieser – zu kurz gegriffenen – Minimaldefinition einer „Verschwörung“ folgen würden und entscheidende inhärente Komponenten wie „auf Kosten Dritter,

„zum Nachteil anderer“ (Wikipedia) oder „something illegal, may be a crime, or a civil wrong“ (US-Wikipedia) oder „zur Begehung eines Verbrechens“ (Brockhaus) oder „gegen jemanden oder etwas“ (Duden) beiseitelassen, ergibt der Ausdruck „wahre Verschwörungstheorien“ trotzdem keinen Sinn. Denn wo gab es zu den sogenannten Verschwörungen „Celler Loch“ und „Brutkastenlüge“, um bei diesen Beispielen zu bleiben, eine Verschwörungstheorie? In beiden Fällen kamen die Hintergründe durch Journalisten ans Licht. Nicht durch „wahrheitssuchende“ Verschwörungstheoretiker, die eine vorherige alternative Auslegung der Ereignisse schließlich handfest hätten untermauern können.

Genauso verhält es sich mit aufsehenerregenden Machenschaften in der jüngsten Zeit – sogar mit weltweiten, wie Thomas Grüter betont:[17]

– Russische Hacker haben zugunsten von Donald Trump systematisch in den amerikanischen Wahlkampf eingegriffen.
– Der Volkswagenkonzern hat in seine Dieselautos weltweit illegale Software eingebaut, um Abgaskontrollen auszutricksen. Andere Hersteller haben ähnliche Verfahren eingesetzt.
– Die asiatische und italienische Mafia verdienen Millionen mit Wetten auf manipulierte Fußballspiele weltweit.

Bei allen drei Beispielen fällt auf: Sie entsprechen keiner gängigen Verschwörungstheorie. Niemand hat sich im Internet die Finger wund geschrieben, um nachzuweisen, dass der VW-Konzern die Diesel-Abgasprüfung austrickst. Niemand hat gesagt: „Das ist genau das, was ich seit Jahren behaupte!“

Gerüchte und Verschwörungstheorien

Halten wir fest: Zumeist steht die Vokabel „wahre Verschwörungstheorie“ einfach nur als Metapher für alles Geheime, was irgendwann doch ans Licht der Öffentlichkeit gedrungen ist – völlig unabhängig davon, ob es sich dabei wirklich um eine Verschwörung handelte und ob Verschwörungstheoretiker diese überhaupt im Blick hatten.

In Ermangelung einer aktenkundigen Verschwörungstheorie verweisen Verschwörungstheoretiker stattdessen oft auf grassierende „Gerüchte“, um Ereignisse im Nachhinein als „wahre Verschwörungstheorien“ klassifizieren zu können. Damit würde es sich möglicherweise zum Beispiel bei geheimen Regierungsprojekten wie MKULTRA um so etwas wie eine „wahre Verschwörungstheorie“ handeln, weil bei der hohen Zahl an Beteiligten und Mitwissern Informationen darüber nahezu zwangsläufig durchgestochen wurden. Und sicher gründen Verschwörungstheorien auch auf Gerüchten und Spekulationen. Inwieweit aber Gerüchte und Spekulationen bereits die Verschwörungstheorie ausmachen beziehungsweise wo genau die Grenzen zwischen Verschwörungstheorien und Gerüchten verlaufen, hängt wiederum von der Definition dieser Begriffe ab. Dass sich damit auch Experten sehr schwer tun, zeigt eine Debatte in der *New York Times*.

2015 ließ die Tageszeitung sechs Schriftsteller und Wissenschaftler zu dem Thema „Are Conspiracy Theories All Bad?“ essayieren. Dabei nahm die Autorin Harriet A. Washington die Tuskegee-Syphilis-Studie zum Anlass, um auf echte Verschwörungen hinzuweisen und sich dagegen zu verwahren, Verdachtsmomente als Verschwörungstheorie abzutun. Bei der Tuskegee-Syphilis-Studie des US Public Health Service von 1932 bis 1972 ging es darum, den natürlichen Verlauf der Syphilis zu beobachten. Als Probanden rekrutierte man 400 syphiliskranke schwarze Landarbeiter, die nicht über ihren wahren Gesundheitszustand informiert

MKULTRA: 1953 kündigte der CIA-Direktor Allen Dulles als Reaktion auf die angebliche Bedrohung durch kommunistische Gehirnwäsche eine „Schlacht um den Geist des Menschen“ an. In geheimen Experimenten mit dem Codenamen MKULTRA sollten alle erdenklichen Möglichkeiten der Bewusstseinskontrolle und Verhaltensmanipulation mit Mitteln wie Drogen, Hypnose, Krankheitserregern etc. getestet werden. Als Probanden wurden neben Armeeangehörigen und CIA-Mitarbeitern auch hunderte ahnungslose Zivilisten – darunter psychisch Kranke, Prostituierte und Gefängnisinsassen – missbraucht. Zahlreiche Versuchspersonen erlitten unter dem Einfluss von Halluzinogenen wie LSD und Mescalin schwere geistige und körperliche Schäden. Erst 1974 wurde die Öffentlichkeit durch einen Bericht der *New York Times* auf die Menschenversuche aufmerksam. Mehrere Untersuchungskommissionen beschäftigten sich mit dem Projekt. Allerdings waren zu diesem Zeitpunkt viele Akten bereits illegal vernichtet worden.

waren, in völliger Unkenntnis über das Experiment gelassen und im Verlauf der Studie von einer Syphilis-Behandlung abgehalten wurden – auch als wirksame Medikamente längst zur Verfügung standen.

In der Literatur wird die Tuskegee-Syphilis-Studie heute als „Medizin-Skandal“, „Menschenversuch“ oder „Verbrechen gegen die Menschlichkeit“ bezeichnet. Fraglos völlig zutreffende Label – aber war das Ganze auch eine Verschwörung, wie Harriet A. Washington meint? Von Geheimhaltung konnte jedenfalls keine Rede sein. Die Initiatoren veröffentlichten sogar mehrfach Artikel darüber in wissenschaftlichen Zeitschriften. Das erste wissenschaftliche Paper mit Studienergebnissen erschien 1936 und stieß in Fachkreisen aufgrund der Nichtbehandlung der Patienten auf zurückhaltende Kritik. Bis in die 70er-Jahre hinein wurden regelmäßig peer-reviewte Paper veröffentlicht, aus denen unzweideutig hervorging, dass man den Versuchspersonen eine angemessene medizinische Behandlung verweigerte.

Andererseits wurde den Betroffenen nicht gesagt, was man mit ihnen vorhatte. Insofern muss man das Tuskegee-Experiment als eine systematische Täuschung betrachten, die auf ein bestimmtes Ziel angelegt war. Einzelne Elemente einer Verschwörung treffen auf die Tuskegee-Syphilis-Studie also zu. Andere nicht. Genau dasselbe gilt für unsere Eingangs-Behauptung: „Hätte jemand vor ein paar Jahren behauptet, dass der amerikanische Geheimdienst weltweit alle E-Mails und Telefondaten abspeichert und viele Politiker in aller Welt überwacht, so wäre er als paranoider Anhänger einer absurden Verschwörungstheorie abgestempelt worden."

Investigativer Journalismus und Verschwörungstheorien

Wirklich? Wieso ist dann James Bamford zu keinem Zeitpunkt als „paranoider Anhänger einer absurden Verschwörungstheorie" abgestempelt worden? Der renommierte US-amerikanische Journalist (*New York Times*, *Washington Post*, *ABC* etc.) veröffentliche 1982 das erste Buch über die NSA überhaupt (*The Puzzle Palace: A Report on America's Most Secret Agency*, deutsch: *NSA. Amerikas geheimster Nachrichtendienst*) und schob 2001 mit *The Puzzle Palace: Inside the National Security Agency, America's Most Secret Intelligence Organization* und 2002 mit *Body of Secrets: Anatomy of the Ultra-Secret National Security Agency* weitere Recherchen nach.

In den verschiedenen Rezensionen der deutschen Ausgabe *NSA. Die Anatomie des mächtigsten Geheimdienstes der Welt* stand unter anderem zu lesen: „Die NSA sammelt Informationen in einem Ausmaß, dass man Bamford kaum glauben möchte. Telefonate, Funk, E-Mails – alles wird überwacht und gesammelt, modernster Computertechnik sei Dank". Oder: „Heute überwacht die NSA weltweit mehr als drei Millionen E-Mails, Telefongespräche und Faxe pro Tag

Die NSA-Affäre: Im Sommer 2013 druckten die englische Zeitung *The Guardian* und die *Washington Post* geheime Dokumente ab, die von dem ehemaligen CIA-Mitarbeiter und Whistleblower Edward Snowden stammten. Seine Enthüllungen gaben Einblick in ein weltweites Netz von Spionagesystemen der Geheimdienste, insbesondere der amerikanischen National Security Agency (NSA) und des britischen Government Communications Headquarters (GCHQ). Dabei ging es vordergründig um die Terrorbekämpfung, aber auch um eigene politische und wirtschaftliche Interessen. Seit etwa 2007 überwachten NSA, GCHQ und befreundete Dienste jede Form elektronischer Kommunikation global und verdachtsunabhängig.

Die Watergate-Affäre: Die Watergate-Affäre begann am 17. Juni 1972 mit einem Einbruch in die Parteizentrale der oppositionellen Demokratischen Partei im Watergate-Gebäudekomplex in Washington. Dank der Aufmerksamkeit eines Wachmanns konnte die Polizei fünf Täter festnehmen, die offenbar versucht hatten, Abhörgeräte zu installieren und Dokumente zu fotografieren. Die *Washington Post* spekulierte schon früh über eine weitreichende politische Verschwörung mit direkter Beteiligung des Weißen Hauses. Umfangreiche Ermittlungen des FBI und die Gerichtsverhandlungen gegen die Einbrecher bestätigten schließlich diesen Verdacht. Im August 1974 erklärte der republikanische Präsident Richard Nixon seinen Rücktritt.

durch das Echelon-Netzwerk … Die CIA beklagt, die Aktivitäten der NSA seien kaum noch zu kontrollieren.“ Noch 2012 schrieb Bamford einen *Wired*-Artikel über die NSA, in dem bereits einiges von dem vorweggenommen wurde, was der Whistleblower Edward Snowden ein Jahr später enthüllte.

War James Bamford mithin ein Verschwörungstheoretiker, der mit seinen Büchern und Artikeln Verschwörungstheorien verbreitete, die sich 2013 faktisch bewahrheiteten? Oder ist es vielmehr so, dass der preisgekrönte Journalist Bamford den zahllosen Verschwörungstheoretikern, die sich in dem weiten Feld vermuteter staatlicher Totalüberwachung tummeln, etwas Konstituierendes voraus hat? Nämlich eine skeptisch-analytische Methode und eine begründete Argumentation, die auf wesentlich mehr aufgebaut ist als allein auf dem Zweifel um seiner selbst willen. Auch die berühmte Watergate-Affäre ist wohl nur dann eine „wahre Verschwörungstheorie", wenn man die abwägenden, ergebnisoffenen Recherchen von Investigativjournalisten mit ihrem breiten Kontext von Hintergrundinformationen und der allmählichen Akkumulation von Fakten mit dem unbedingten Verifizierungsdrang von Verschwörungstheoretikern gleichsetzt.

Und handelt es sich bei der globalen Überwachungs- und Spionageaffäre von 2013 um eine „wahre Verschwörungstheorie"? Oder trifft es das Wort „Affäre" nicht viel besser als „Verschwörung"? Müsste für eine echte Verschwörung nicht der Geheimdienst selbst von dunklen Kräften unterwandert sein? Schließlich agiert die NSA durchaus nicht aus überraschenden Motiven heraus, sondern schlicht im ureigenen Interesse der USA. Mehr noch: Das Sammeln und Analysieren großer Datenmengen kann als totale Überwachung gesehen werden. Es kann aber auch als Mittel eines fürsorglichen Staates betrachtet werden, der uns vor Terroristen schützen will. Auf die Frage, ob es „wahre Verschwörungstheorien" gibt, sind also verschiedene Antwortoptionen möglich, je nachdem, wie man „Verschwörung" und „Verschwörungstheorie" definiert und abhängig vom persönlichen Standpunkt: viele, wenige (wie NSA und Watergate), gar keine.

Skandale und Verschwörungstheorien

Welche vernünftige Mittelposition kann man bei diesem Problem einnehmen?

Einige Fachleute wie Michael Butter weisen darauf hin, dass „wahre Verschwörungstheorien" wie Watergate praktisch als Argument gegen den Glauben an allumfassende Verschwörungen verwendet werden können. Wenn nicht einmal der mächtigste Mann der Welt einen Einbruch in die Parteizentrale des politischen Gegners anordnen kann, ohne dass das Ganze auffliegt: Wie sollen dann die Illuminaten seit 250 Jahren unbemerkt die Strippen ziehen? Wie soll dann so etwas Gewaltiges wie Anschläge vom 11. September inszeniert werden?

Neben dieser rationalen Argumentation kann es sinnvoll sein, sich auf die Emotionen von Verschwörungstheoretikern einzulassen, die auf der Flucht vor einem diffusen Unbehagen ein übersteigertes Misstrauen gegen eine bestimmte Gruppe richten. Misstrauen, das zum Teil mit „wahren Verschwörungstheorien" begründet wird. Denn natürlich hinterlassen Skandale, Affären und Enthüllungen ihre Spuren, egal welchen Begriff man dafür verwendet.

So gilt etwa der Name „Tuskegee" bis heute für einen Großteil der Afro-Amerikaner als das Synonym für rassistisches Regierungshandeln schlechthin, führt der Science-Blogger Christian Reinboth aus: „Die durch die urbane Folklore teilweise verfälschte Geschichte des Tuskegee-Experiments – so halten sich unter anderem hartnäckig die (falschen) Gerüchte, dass das US-Militär an der Studie beteiligt gewesen sei und dass man gesunde Testpersonen vorsätzlich mit Syphilis infiziert habe – beeinträchtigt bis heute die Einstellung schwarzer Amerikaner gegenüber dem staatlichen Gesundheitswesen. Dies hat dramatische Folgen. So sind Afro-Amerikaner in deutlich geringem Umfang dazu bereit, sich an medizinischen Forschungsprojekten zu beteiligen, Routineuntersuchungen wahrzunehmen oder zum Organ- oder Blutspender zu werden."[18]

Verschwörungstheorien als Symbol und Symptom

„Wahre Verschwörungstheorien“ können mithin auch symbolisch und symptomatisch gelesen werden, als Hinweis auf einen fundamentalen Vertrauensverlust beziehungsweise das Gefühl vieler Menschen, dass sie belogen werden oder man ihnen etwas verschweigt. Und das sich zum Beispiel in Sätzen wie „Wenn Bush und Co. bei Irak gelogen haben, warum sollten sie dies nicht auch bei 9/11 getan haben?“ artikuliert. Insofern würde es tatsächlich nahezu keine Rolle spielen, ob Verschwörungstheorien „wahr“ sind oder nicht: „Entscheidend wäre lediglich der Punkt: Durch sie erkennen wir, dass die Welt, in der wir leben, nicht perfekt ist“,[19] schreibt ein Internet-Kommentator dazu. Diese Feststellung ist sowohl für Verschwörungstheoretiker als auch für Skeptiker der allgegenwärtigen Existenz von „wahren Verschwörungstheorien“ zustimmungsfähig – desgleichen die lapidare Forschungserkenntnis: „Ebenso wie es Verschwörungen ohne dazugehörige Verschwörungstheorie gibt, existieren auch Verschwörungstheorien ohne dazugehörige Verschwörung.“

Die gesuchte Mittelposition könnte also lauten: Blindes Vertrauen in alle gesellschaftlichen Akteure ist ebenso wenig die Grundlage einer lebendigen Demokratie wie ein generelles Misstrauen. Man mag Verschwörungstheoretikern partiell den Status von „Alarmanlagen einer Demokratie“ zubilligen, die nach finsteren Machenschaften suchen, und ihre Theorien als Narrativ, mit denen Menschen ihr Unbehagen gegenüber undurchschaubaren politischen und wirtschaftlichen Zusammenhängen zum Ausdruck bringen. Trotzdem ist der Glaube, dass jeder lügt, auch bloß eine andere Art von Leichtgläubigkeit. Und daher ist es angebracht, Gegennarrative und Erklärungsmuster zu liefern, die ohne das gefährlich simplifizierende Gut-Böse-Schema von Verschwörungstheoretikern auskommen.

Dass das notwendig ist, zeigt das Beispiel der Szene-Aussteigerin Stephanie Wittschier, die früher an Chemtrails glaubte und über die heute die FAZ schreibt: „Von politischen Prozessen habe sie nie viel verstanden. Deshalb erschien es ihr ohne weiteres plausibel, dass hinter all der schwer verständlichen Politik ein größerer Plan steckte."

Elitenkommunikation und Verschwörungstheorien

Zumindest den Versuch kann man unternehmen, Verschwörungstheoretikern etwa auseinanderzusetzen, dass „Eliten" politische Akteure sind wie andere auch, mit eigenen ideologischen Vorstellungen und politischen Absichten. Und dass Skeptiker, die nicht an Verschwörungstheorien glauben, keine „Systemtrolle", „Schlafschafe" oder „Medienzombies" sind, sondern im alleinigen Lossagen vom herrschenden Diskurs ebenso wenig eine Lösung sehen wie in vereinfachten Welterklärungen.

So gilt beispielsweise auch die jährliche Bilderberg-Konferenz als „bewiesene Verschwörungstheorie", da diese Treffen „jahrzehntelang geheim gehalten und verheimlicht" worden seien und sich dann „als Wahrheit herausgestellt" hätten. Was an der bloßen Existenz einer – wenn auch vertraulich tagenden – Konferenzgruppe eine Verschwörung sein soll, bleibt auch in diesem Fall eine Sache der Definition. Jedenfalls verbreitete im Sommer 2017 eine deutschsprachige Webseite mit dem beziehungsreichen Namen *Watergate.tv* nicht nur die üblichen Munkeleien über die bevorstehende Bilderberg-Konferenz in Chantilly, USA:

Was genau dort besprochen wird, kann nur vermutet werden. Die Inhalte kann man nur aufgrund der Teilnehmerliste erahnen und dann Schlüsse daraus ziehen, indem man beobachtet, welche globalen politischen und wirtschaftli-

chen Ereignisse und Entscheidungen in den Wochen und Monaten danach einträfen. Anhand von aktuellen Teilnehmerlisten könnten so Vorhersagen auf künftige Entscheidungen getroffen werden. Aber all das bleibt bisher nur Spekulation, da nichts aus den Treffen durchsickert."

Diesmal gingen die *Watergate.tv*-Konspirologen noch darüber hinaus und imaginierten eine pyramidenförmige Superverschwörung, welche die Bilderberger-Verschwörung kontrolliert:

Ehemalige Teilnehmer und regierungsnahe Insider sagen aber, dass sich dort nur die Befehlsempfänger und ausführenden Organe der eigentlichen Mächte träfen. Ein Kreis von zwölf Familien, die sich selbst gerne als Eliten bezeichnen und die Welt regieren und beherrschen sollen.
Zu diesen Familien sollen die Rockefellers und Rothschilds gehören, diese nehmen aber an diesen Treffen nicht teil.
Die eingeladenen Personen seien bei diesen Machthabern in den Fokus geraten, um als Vertreter dieser Macht deren Direktiven und Interessen für sie umzusetzen.
Es braucht also einer Vielzahl von Handlangern, die die macht-, finanz- und geopolitischen Interessen dieser Familien ausführen. Würden diese Handlanger nicht mehr zur Verfügung stehen, hätten die eigentlicher Drahtzieher des Weltgeschehens keine Macht mehr.

In Wahrheit sagen ehemalige Teilnehmer etwas ganz anderes. „Die Bilderberg-Konferenzen unterscheiden sich nicht von anderen Formaten, in denen sich Think-Tanks, Politiker und Unternehmen treffen", erklärt der Ex-Bundesumweltminister und Grünen-Politiker Jürgen Trittin. Der ehemalige CDU-Generalsekretär und Vorsitzende des Auswärtigen Ausschusses des Deutschen Bundestags Ruprecht Polenz ergänzt: „Ich hatte alle möglichen Eindrücke von dieser Konferenz, aber sicherlich nicht, dass da irgendwelche besonderen Verabredungen getroffen wurden. Beschlüsse sind dort gar keine gefasst worden, das war ein Meinungsaustausch, wie er in Davos oder auf der Münchener Sicherheitskonferenz oder in viele anderen Konferenzen auch stattfindet."

Nun kann man die Bilderberg-Konferenzen gewiss unter verschiedenen Aspekten missbilligen. Der Medienwissenschaftler Uwe Krüger sieht in den regelmäßigen Zusammenkünften zwar keine Verschwörung, aber eine „pikante intersektorale Elitenkommunikation" und einen „Kontaktsupermarkt". Das Online-Magazin *Telepolis* merkt an, dass die Art und Weise, wie Bilderberg mit der Öffentlichkeit umgehe („keine Berichte, keine Informationen über die Diskussionsinhalte, nicht die geringste Öffentlichkeitsarbeit"), Wahnvorstellungen in die Hände spiele und für das inhaltliche Anliegen der Konferenz kontraproduktiv sei. Aber „Handlanger, die die macht-, finanz- und geopolitischen Interessen der Drahtzieher des Weltgeschehens" ausführen?

Darüber amüsierte sich 2015 ein *Spiegel*-Redakteur:[20] „Was genau die Teilnehmer im Kaminzimmer, an der Bar oder in der Sauna auskungeln ist nicht klar, für Liebhaber der Verschwörung gibt es aber eine Reihe von Indizien: So hat sich die illustre Runde der Theorie zufolge schon im vergangenen Jahr auf den damaligen Konferenzteilnehmer Peer Steinbrück (SPD) als nächsten deutschen Kanzler festgelegt – schließlich wird das immer dort entschieden. Angela Merkel wurde 2005 eingeladen, und ein paar Monate später war sie die mächtigste Frau Deutschlands.

Helmut Kohl war 1980 dabei und wurde zwei Jahre später zum Kanzler gekürt, Helmut Schmidt konnte seine Bilderberg-Teilnahme 1973 schon ein Jahr später mit der Kanzlerschaft krönen [...]

Nur 2013 muss etwas gründlich schiefgegangen sein. Da hatte sich die illustre Runde der Theorie zufolge auf Konferenzteilnehmer Peer Steinbrück (SPD) als nächsten deutschen Kanzler festgelegt. Es kam bekanntlich anders. Nicht die einzige Schlappe der Bilderberger. Im Jahr 2012 nahm der damalige Grünen-Fraktionschef Jürgen Trittin an der Konferenz teil. Daraus schloss die Gemeinde der Verschwö-

Die Bilderberg-Konferenz: Der niederländische Prinz Bernhard rief 1954 die Bilderberg-Konferenz ins Leben, die erstmals im Hotel Bilderberg in Oosterbeck bei Arnheim tagte. Seitdem findet das Treffen jährlich in einem abgeschiedenen Nobelhotel an wechselnden Orten statt. Es gibt eine offizielle Webseite (bilderbergmeetings.org), auf der die Themen und Teilnehmer eingesehen werden können. Demnach handelt es sich bei der Bilderberg-Konferenz um ein „forum for informal discussions about megatrends and major issues facing the world", zu dem „120-150 political leaders and experts from industry, finance, academia and the media" aus Westeuropa und Nordamerika vom Vorsitzenden des Lenkungsausschusses (derzeit Henri de Castries, CEO des französischen Versicherungskonzerns AXA) gezielt und handverlesen eingeladen werden. Während Befürworter solcher inoffiziellen Zusammenkünfte von hochrangigen Führungskräften aller Art großen Bedarf an einem regelmäßigen Austausch geltend machen, werfen Kritiker der Bilderberg-Konferenz vor, einen angeblich gewaltigen Einfluss auf Politik und Wirtschaft außerhalb des demokratischen Meinungsbildungsprozesses auszuüben.

rungstheoretiker, dass die nächste Bundesregierung von einer rot-grünen Koalition gebildet werden würde. Von dieser Vermutung hätte das tatsächliche Wahlergebnis kaum weiter entfernt liegen können."

So richtig es ist, in die Analyse politischer und ökonomischer Prozesse nicht nur Macht- und Marktmechanismen einzubeziehen, sondern auch Akteure, die diese Vorgänge in Gang setzen, so verkehrt ist die Vorstellung von einer alles erklärenden Weltverschwörung. „Oprah Winfrey übt heutzutage mehr Einfluss aus als jeder Teilnehmer von Bilderberg. Das ist eine Tagung von 120 hochgestellten älteren Herrschaften. Da passiert überhaupt nichts", schreibt David Rothkopf, ehemaliger Vize-Staatssekretär im Handelsministerium der Clinton-Regierung, in seinem Buch *Superclass: The Global Power Elite and the World They are Making* (deutsch: Die Super-Klasse. Die Welt der internationalen

Machtelite). Die Bilderberg-Konferenzen vergleicht Rothkopf mit Erste-Klasse-Kabinen in Flugzeugen: „Für den Betrachter sind sie ungemein beeindruckend, aber wenn man erst einmal drinsitzt, sind die ziemlich langweilig. Da wird nicht die Welt regiert, sondern nur Dampf geplaudert. Im Grunde alles nur heiße Luft."

Das mag für Verschwörungstheoretiker klingen wie die Beschwichtigungen eines Verschwörungsmitglieds, das die Wahrheit zu verschleiern sucht. Allerdings kritisiert Rothkopf durchaus soziale Ungerechtigkeit und die Ungleichverteilung von Macht auf globaler Ebene. Dahinter stecke indes kein heimtückischer Plan, sondern vielmehr der „hemmungs- und gedankenlose Egoismus" einer „Superklasse", die der Manager, Unternehmer, Politikberater und Insider-Autor auf etwa 6000 Personen taxiert: „Staatsoberhäupter, die CEOs der weltgrößten Konzerne, Medienmogule, Technologieunternehmer, Ölpotentaten, Hedgefonds-Manager, Private-Equity-Investoren, Militärbefehlshaber, einige wenige Religionsführer, eine Handvoll renommierte Autoren, Musiker und Filmproduzenten und sogar einige Terroristenführer und Top-Verbrecher."

Für eine machtvolle Verschwörung gebe es viel zu viele Konflikte, Widersprüche und Flügelkämpfe innerhalb dieses heterogenen Zirkels der Reichen und Mächtigen. Nichtsdestotrotz führten die gleichgerichteten Interessen großer Teile der „Superklasse" oft zu ähnlichen Ergebnissen wie eine finstere Verschwörung. Nach Rothkopfs Worten sind die Mitglieder der Super-Klasse zwar nicht allmächtig, aber sehr gut aufgestellt, wenn es ihre Absichten durchzusetzen gilt, da gewisse Ideologien und Wirtschaftsinteressen annähernd hegemonial geworden sind.

Verschwörungstheoretiker wie etwa der 9/11-Autor Mathias Bröckers sind mithin leicht als tendenziöse Selbstvermarkter zu entlarven, wenn sie sich darin ergehen, einst habe es „als Aberglauben gegolten, hinter den Dingen unsichtbare Drahtzieher und Interessen anzunehmen". Hat es nicht. Seit langem setzen sich Menschen mit nicht legitimierten Machtstrukturen auseinander, bemühen sich dabei aber zumeist um ein wirklichkeitsnahes Bild von politischen Prozessen, bei denen auch Fehler, Irrtümer, Unfähigkeit, Getriebensein, Kompromisse und Zufälle mitspielen.

Kungeleien, Lobbyismus und Verschwörungstheorien

Statt über die Geheimnisse der Bilderberg-Konferenz zu rätseln, sollten wir ganz woanders hinschauen, raten denn auch Beobachter: „Die gefährlichsten Kungeleien finden gleichsam unter den Augen der Öffentlichkeit statt. Lobbyisten brauchen keine Konferenzen, um Einfluss auf die Politik zu nehmen. Sie sitzen direkt vor der Tür des Parlaments – in der Lobby, wo jeder hineinspazieren kann."[21] Und außerdem träfen sich die Mächtigen der Welt jedes Jahr tatsächlich an einem abgeschiedenen Ort, um über die Geschicke von Millionen Menschen und Milliarden Dollar zu bestimmen, mitten in den Schweizer Alpen, in dem kleinen Örtchen Davos. Auf dem Weltwirtschaftsforum.

Insofern verhält sich ein Verschwörungstheoretiker zum professionellen Historiker, Politologen, Journalisten etc. wie der Schatzsucher zum Archäologen. Allerdings gibt es im Falle des Verschwörungstheoretikers keine Möglichkeit, ihn zu überzeugen, dass sein schnelles Graben in Dokumenten nur falsches Gold zum Vorschein gebracht hat. Vielleicht liegt der einzige unwiderlegbare Beweis dafür, dass es keine Verschwörer im Sinne von Bilderbergern, „zwölf Familien" etc. gibt, darin begründet, „dass die Menschheit die vielen perniziösen Verschwörungen, die uns ständig begleiten sollen, überlebt hat und wir heute einen Aufsatz über Konspirationstheorien schreiben und lesen können", meinte der Historiker Dieter Groh.

Oder gibt es noch weitere Kriterien, die an eine Theorie oder einen Erklärungsansatz gestellt werden müssen, um zu entscheiden, ob wir es mit einer neuen, außergewöhnlichen, aber fruchtbaren Idee beziehungsweise Kritik an vorherrschenden Auffassungen und Verhältnissen zu tun haben, oder mit einer Verschwörungstheorie, die auf „alternativen Fakten“ basiert, die einer Überprüfung nicht standhalten? Dazu mehr im nächsten Kapitel.

●●● **Fazit:** Die Annahme einer Verschwörung ist nicht per se abwegig. Verschwörungen und Intrigen hat es immer gegeben. Reale Verschwörungen bilden wohl sogar die Grundlage für die Glaubwürdigkeit von Verschwörungstheorien. Üblicherweise werden Verschwörungen aber erst bekannt, nachdem sie aufgedeckt wurden. Verschwörungstheorien dagegen handeln von imaginären Verschwörungen, von denen sich kaum je eine als wahr herausgestellt hat. Vielmehr reflektieren angeblich „wahre Verschwörungstheorien“ im Grunde alles, was böse, schlecht oder auch nur unmoralisch und beängstigend erscheint. Auch wenn sie nicht im wörtlichen Sinne „wahr“ sind, kann man Verschwörungstheorien daher als eine Art Stimmungsbarometer betrachten. So bringen beispielsweise Verschwörungstheorien um die jährlich stattfindende Bilderberg-Konferenz das Unbehagen vieler Menschen gegenüber undurchschaubaren politischen und wirtschaftlichen Zusammenhängen zum Ausdruck. ●●●●●●

Reale Verschwörungen beweisen, dass Verschwörungstheoretiker recht haben

●●● **Behauptung:** Die Existenz von echten Verschwörungen ist Grund genug, um alles, was in der Welt passiert, in diesem Licht zu sehen. ●●●●●●●●●●●

Eigentlich scheint die Sache ganz einfach zu sein: „An einer Verschwörungstheorie ist so lange nichts auszusetzen, so lange sie als solche gekennzeichnet und der Überprüfung und möglichen Widerlegung zugänglich gemacht wird", sagt der Religionswissenschaftler Michael Blume. Allerdings lehnen Verschwörungstheoretiker üblicherweise den Begriff ab, weil sie „die Wahrheit" und eben keine „Theorien" verbreiten möchten.

Auch andere Skeptiker meinen, einem Verschwörungstheoretiker mit den Werkzeugen der Wissenschaftstheorie begegnen zu können und fordern von ihm, zu zeigen, „wie seine Theorie sich in die Realität einfügt", des Weiteren „Zahlen und Fakten, Reliabilität, Validität und Objektivität" sowie einen Falsifikationsvorbehalt: „Eine Theorie muss widerlegbar sein, sonst ist sie nur noch eine Geschichte ohne jeglichen Wahrheitsanspruch." Das ist integer gedacht – geht aber weitgehend an der Realität vorbei. Denn eine Verschwörungstheorie genügt weder strukturell dem Anspruch, der an eine wissenschaftliche Theorie gestellt wird, noch ist sie falsifizierbar, denn Verschwörungstheoretiker lassen nur konforme „Erkenntnisse" zu und werten jeden Widerspruch als Bestätigung der aktiven Gegenwehr der Verschwörer.

Dass Techniken wie Falsifizierbarkeit keine zuverlässigen Methoden sind, um kritisch-vernünftiges Denken von abstrusem Verschwörungsglauben zu differenzieren, vertreten auch die Psychologen Marius Raab und Claus-Christian Carbon sowie die Wahrnehmungsforscherin Claudia Muth von der Universität Bamberg. Gleich drei gängige Forschungsprinzipien werden von ihnen verworfen:[22]

- Ockhams Rasiermesser, auch Sparsamkeitsprinzip genannt, welches besagt, dass von mehreren möglichen Erklärungen für ein und denselben Sachverhalt die einfachste Theorie allen anderen vorzuziehen sei:

„Sobald Menschen an einem Vorgang beteiligt sind, ist die einfachste Erklärung oft nicht die beste. Das sehen wir an vielen Entscheidungsprozessen in Kommunalparlamenten. Die Formel *einfach = gut* ist also zu einfach."

- Die Falsifizierungsmöglichkeit:

„Widerlegen kann man nur Allaussagen. Zum Beispiel: Alle Schwäne sind weiß. Wir können diese Behauptung niemals beweisen, denn dazu müssten wir alle Schwäne in allen Zeiten anschauen, also auch in Vergangenheit und Zukunft. Wir können die Behauptung aber widerlegen, wenn wir einen nichtweißen Schwan finden. Bei Existenzaussagen, also bei Es-gibt-Aussagen, ist es umgekehrt. Die können wir niemals widerlegen (denn dazu müssten wir alle existierenden Dinge überhaupt anschauen). Wir können sie aber beweisen, indem wir ein einziges der behaupteten Dinge finden […] Die Behauptung, dass die US-Regierung selbst 9/11 geplant hat, ist eine Existenzbehauptung. Sie besagt, dass es eine Verschwörung gibt. Sie ist damit unwiderlegbar, das macht sie aber natürlich nicht automatisch zu einer wahren Theorie. Alles, was man tun kann, ist, die Theorie auf Widersprüche, logische Sprünge und die Wahrscheinlichkeit der zugrundeliegenden Vorannahmen zu prüfen oder Belege zu finden, die dafürsprechen oder dagegen. Eine empirische Widerlegung im strengen Sinn der Wissenschaft ist aber unmöglich, wenigstens bezogen auf die Grundaussage vieler Verschwörungstheorien. Maximal einzelne Fragmente können widerlegt werden, die Details einzelner Begebenheiten."

- Das Immer-wieder-die-alte-Leier-Prinzip, das von den amerikanischen Politologen Joseph E. Uscinski and Joseph M. Parent in ihrem Buch *American Conspiracy Theories* (2014) vertreten wird und darauf basiert, dass Verschwörungstheoretiker die immergleichen Pseudoerklärungen für historische Großereignisse wie Französische Revolution, Zweiter Weltkrieg etc. parat haben: Juden, Illuminaten, Freimaurer.

„Nicht jedes wiederkehrende Thema verweist auf eine unglaubwürdige Erklärung. Ohne kritische Journalisten und Whistleblower wie Edward Snowden wären viele Skandale im Verborgenen geblieben [...] Die Entscheidung auf Grundlage von Ockhams Rasiermesser, der Falsifizierungsmöglichkeit und dem Immer- wieder-die-alte-Leier-Prinzip kann dazu führen, dass wir bei wichtigen Geschehnissen zu schnell bei der Hand sind mit der Kategorisierung als ungerechtfertigte Verschwörungstheorie und im schlimmsten Fall tatsächliche Verschwörungen fälschlicherweise abtun."

Raab/Carbon/Muth plädieren stattdessen für eine fallweise Betrachtung und stellen in Form einer fünfstufigen „Faustregel zur Einzelfallanalyse" eine Methode zur Diskussion, die als Rüstzeug dienen könne, um die vermittelten Werte und die präsentierten Informationen einer Verschwörungstheorie kritisch einzuordnen: „Prüfen Sie Verschwörungstheorien auf Vorbedingungen, Relevanz, Folgen und Widersprüche, schätzen Sie Wahrscheinlichkeiten und suchen Sie nach Hinweisen für und gegen die Annahme."

Gibt es eine Krebs-Verschwörung der Pharmaindustrie?

Wenden wir die vorgeschlagene Einzelfallanalyse exemplarisch auf die weit verbreitete Verschwörungstheorie an, es gebe schon längst ein Heilmittel gegen Krebs.

- Der erste Schritt: Bringen Sie die Theorie auf einen zentralen Satz (oder mehrere zentrale Sätze).

Die Pharmaindustrie hält seit Jahren absichtlich ein günstiges und wirksames Krebsmedikament zurück, um mehr Geld mit anderen Therapien zu verdienen, die nur die Symptome behandeln.

- 2. Prüfen Sie die Relevanz: Was würde es bedeuten, wenn die Theorie wahr wäre, aber unerkannt bliebe? Und was, wenn die Theorie falsch ist, aber weiterhin geglaubt wird? (Es geht darum, herauszufinden, ob die Behauptung einen persönlichen oder gesellschaftlichen Stellenwert hat und eine weitere Beschäftigung damit sich überhaupt lohnt.)

a) 2017 sind in der EU schätzungsweise mehr als 1,3 Millionen Menschen an Krebs gestorben, in Deutschland zirka 224.000 Frauen und Männer. Die Pharmaindustrie nähme also bewusst ein Massensterben von heilbar erkrankten Menschen in Kauf, verbunden mit dem Leid der Angehörigen sowie dem immensen volkswirtschaftlichen Schaden durch eine kostspielige, aber von vorneherein wirkungslose Behandlung.

b) Der Glaube an eine „Big Pharma"-Verschwörung unterminiert das Vertrauen in die evidenzbasierte Medizin und in wirksame Medikamente, die Leiden lindern und Leben retten. Patienten unterlassen aussichtsreiche Therapien und wenden sich „alternativen Behandlungsmethoden" zu, hinter denen sich Pseudomedizin und gefährliche Scharlatanerie verbirgt. Pharmaskepsis ist zudem die entscheidende Triebfeder der Impfgegner-Bewegung, deren Aktivitäten zum Beispiel die Ausrottung von impfpräventablen Krankheiten wie Masern verhindern und immer wieder zu Krankheitsausbrüchen führen.

- 3. Welche Vorannahmen sind notwendig, damit die behauptete Kernannahme wahr sein kann?

An der Krebsforschung müssten ausschließlich profitorientierte Unternehmen beteiligt sein. Pharmaforscher müssten einzig und allein monetär getrieben und ihnen selbst sowie ihren Firmenchefs müsste egal sein, dass auch sie an Krebs erkranken können. Es müsste einen eindeutigen Profiteur der Verschwörung und keinen Gegenspieler geben. Alle pharmazeutisch tätigen Unternehmen müssten sich zu einer kongruenten „Pharmamafia" zusammenschließen, dabei auf hohe Profite verzichten und zahllose interne Mitwisser ruhigstellen.

- 4. Prüfen Sie die Vorannahmen auf Widerspruchsfreiheit.

Auch Universitäten, medizinische Fachgesellschaften und gemeinnützige Organisationen beschäftigen sich intensiv mit dem Thema Krebs. Therapiemeilensteine und Durchbrüche in der Forschung kommen gerade von solchen Initiativen. Und niemand kann und wird sie dabei aufhalten oder einschränken. Jüngstes Beispiel ist die – wenn auch äußerst umstrittene – Methadon-Forschung einer Chemikerin am Institut für Rechtsmedizin der Universität Ulm.

Ein offenkundiges Manko der Pharmaverschwörung besteht in der unrealistischen Annahme, dass Medizinwissenschaftler den Profit ihrer Firma und der Aktionäre über ihr eigenes Leben zu stellen bereit sind. Dies würde voraussetzen, dass es sich bei Wissenschaftlern und Forschern ausnahmslos um misanthropische Drohnen ohne jedes Eigeninteresse handelt. Außerdem: Mit jedem Jahr wird die Liste von reichen, mächtigen und einflussreichen Personen, die an Krebs gestorben sind, länger. Wie realistisch ist da die Vorstellung, dass wirksame Krebsheilmittel unterdrückt werden? Es ist zumindest wenig vernünftig, zu glauben, dass diese persönlich Betroffenen nicht ihr ganzes Vermögen hergegeben hätten, um länger zu leben.

Forscher wetteifern nicht ausschließlich um Gehälter und Prämien. Ein Wissenschaftler, der ein Heilmittel gegen Krebs entdeckt, wäre weltberühmt, würde in die Annalen der Medizin eingehen und in den Lehrbüchern verewigt werden. Es ist kaum vorstellbar, dass ein Forscher darauf verzichten würde, um stattdessen Teil einer finsteren, geheimen Verschwörung zu sein.

Die Krebsverschwörung geht häufig von der Annahme einer geheimen Absprache zwischen kommerziellen Pharmaunternehmen und ihren Regierungen aus. Allerdings gibt es auch Länder mit einem staatlichen Gesundheitswesen, die durch eine solche Verschwörung viel Geld verlieren würden, weil sie die Behandlungskosten krebskranker Menschen tragen müssen. Es erscheint plausibler, dass solche Staaten ganz im Gegenteil ein Krebsmedikament sofort einsetzen würden, um die freiwerdenden Mittel anderweitig zu investieren.

Und dann gibt es auch noch Krankenkassen und Versicherungen. Warum sollten diese großen Player auf dem Gesundheitsmarkt ein Heilmittel gegen Krebs unterdrücken? Versicherungskonzerne würden kaum seelenruhig zusehen, wie die Pharmabranche auf ihre Kosten viel Geld mit teuren Krebsbehandlungen verdient, wenn es schon längst ein kostengünstiges Heilmittel gäbe. Dass Krankenkassen und Versicherungen nichts davon erfahren würden, ist wenig plausibel – schließlich sieht sich jeder Hobby-Konspirologe mit einem Internetanschluss dazu in der Lage.

Warum sollte ein Pharmaunternehmen auf Milliardengewinne verzichten? Ein Krebsheilmittel wäre ein Mega-Blockbuster unter den Medikamenten. Und das gilt auch für nicht patentierbare Wirkstoffe, denn auch mit Generika und sogar mit OTC-Produkten kann man sehr viel Geld verdienen. Außerdem ist es leicht, auch Naturstoffe patentieren zu lassen. Dafür ist nicht mehr erforderlich, als eine geringfügige Modifikation, welche die Funktionalität nicht stört, aber den Patentschutz sichert. Und warum sollte ein Pharmaunternehmen überhaupt etwas zurückhalten? Warum hat die Pharmaindustrie nicht Antibiotika und Impfstoffe unterdrückt? Aus welchem Grund gibt es Tuberkulose-Medikamente, obwohl man an der Krankheit selbst – also der reinen Symptomlinderung – viel mehr Geld verdienen könnte? Warum also ausgerechnet eine Krebs-Verschwörung? Nach welchen Kriterien legt die Pharmaindustrie fest, welche Arzneimittel gegen welche Erkrankungen sie unterdrückt und welche nicht?

Das Hauptargument der Verschwörungstheoretiker zielt darauf ab, dass die Pharmaindustrie ein Krebsheilmittel unterdrückt, um die Gewinne nicht zu gefährden, die sie mit den derzeitigen Krebstherapien erzielt. Aber warum sollte sie das tun? Wer von Krebs geheilt wird, lebt länger und bekommt mit recht hoher Wahrscheinlichkeit weitere Krankheiten, an denen Big Pharma prächtig verdienen kann – Alzheimer, Diabetes, eine andere Krebsart. Den Tod von Krebspatienten billigend in Kauf zu nehmen, wäre also keine sehr kluge Strategie.

Darüber hinaus gibt es nicht *die* Pharmaindustrie, sondern zahllose Pharmafirmen, die in einem harten Wettbewerb miteinander stehen. Mit einem Krebsheilmittel könnte ein Pharmaunternehmen alle Konkurrenten aus dem Feld schlagen. Es bräuchte dafür nur den Preis für das neue Medikament knapp unterhalb des Kostenniveaus der Standardtherapie anzusetzen, um tonnenweise Geld zu machen. Und auch dann, wenn ein Pharmaunternehmen selbst kein Krebsheilmittel in Petto hat, aber davon Wind bekommt, dass ein Mitbewerber eine solche Neuentwicklung verheimlicht: Keine profitorientierte Firma mit einer cleveren PR-Abteilung würde zögern, diesen Konkurrenten bei den Medien und in der Öffentlichkeit anzuschwärzen, um sich selbst als Aufklärer und Fortschrittsmotor zu profilieren.

Die Entwicklungskosten für ein neues Krebsmedikament liegen bei 500 bis 600 Millionen Euro. Warum sollte eine Firma ein Krebsheilmittel zur Marktreife bringen und es dann im Panzerschrank verschwinden lassen? Mehr noch: Alle Mitarbeiter, externen Studienlabore, Probanden – viele Tausend Menschen – müssten bestochen oder sonst irgendwie wie zum Schweigen gebracht werden. Dafür wäre ein Riesenapparat notwendig, der die Mittel und Möglichkeiten auch der größten Verschwörerbande bei weitem übersteigt. Der kanadische Mathematiker David Robert Grimes, der in der Krebsforschung der Universität Oxford arbeitet, hat (ausgehend von der Grundannahme, dass mehr als 700.000 Menschen bei den acht größten Pharmaunternehmen beschäftigt sind), mit einem rudimentären Modell sehr vage geschätzt, dass es aller Wahrscheinlichkeit nach höchstens drei Jahre und drei Monate dauern dürfte, bis ein Mitarbeiter auspackt.

- 5. Wie wahrscheinlich ist es, dass die einzelnen Vorannahmen zutreffen?

Sehr wenig wahrscheinlich.

Und damit kann man guten Gewissens die Verschwörungstheorie vom unterdrückten Heilmittel gegen Krebs als in sich widersprüchliche und zudem sehr unwahrscheinliche Behauptung abhaken. Sollte dieses Faustregelverfahren zu der Einschätzung führen, dass eine Verschwörungstheorie relevant und zutreffend sein kann, dann sollte man sich auf Detailebene damit auseinandersetzen, schlagen Raab/Carbon/Muth vor.

Allerdings berichteten 2017 die Medien von einer echten „Pharma-Verschwörung“ (*tag24* am 26. Oktober). Ein Bottroper Apotheker hatte mehr als 60.000 Krebsrezepturen gepanscht und an den weit unterdosierten Medikamenten Millionen Euro verdient. Mehreren Tausend Patienten nahm er damit die Möglichkeit, das Fortschreiten ihrer Krebserkrankung aufzuhalten oder zumindest zu verlangsamen. Ein Whistleblower, der in dieser Apotheke als kaufmännischer Leiter arbeitete und seinen Chef im September 2016 anzeigte, gilt in der Pharma-Brache als Verräter und findet dort keinen adäquaten Job mehr. Gegen das Enthüllungsbuch *Die Krebsmafia. Kriminelle Milliardengeschäfte und das skrupellose Spiel mit dem Leben von Patienten* zweier Journalisten wurde im Januar 2018 ein Verkaufsstopp verhängt. Schon davor hatten aber verschiedene Publikationen wie der *Stern* über „krumme Deals, Korruption und Bestechung in der Krebsbranche" berichtet.

Es ist nicht zuletzt dieser wahre Kern, der es Verschwörungstheorien leichtmacht, sich in den Köpfen festzusetzen. Machenschaften wie der Zytostatika-Skandal offenbaren aber auch das Paradoxon des Themas: Echte Verschwörungen sind ein angemessener Grund, nicht alle Verschwörungstheorien pauschal zurückzuweisen. Echte Verschwörungen zeigen aber auch, dass Verschwörungstheorien die Welt zumeist nicht korrekt abbilden. „In der realen Welt sind die Verschwörungen eher klein und begrenzt, etwa um ein Verbrechen zu vertuschen oder eine Versicherung zu betrügen", sagt der US-Psychologe Rob Brotherton. „In der Welt der Verschwörungstheorien hingegen gibt es diese großen, ausgeklügelten Plots, um globale Ereignisse anzustoßen oder uns alle zu versklaven. Diese großen Pläne werden nahezu perfekt ausgeführt, aber sie hinterlassen trotzdem gerade genug Spuren, dass Verschwörungstheoretiker ihnen auf die Schliche kommen können."

Die Prioritäten einer Verschwörungstheorie

Neben der vorgestellten Faustregel zur Einzelfallanalyse kann man daher auch auf charakteristische Merkmale achten, um eingebildete Verschwörungstheorien von solchen, denen tatsächlich eine Verschwörung zugrunde liegen könnte, zu unterscheiden. Der amerikanische Historiker Daniel Pipes rät dazu, insbesondere die Eigenarten der Beweisführung zu betrachten, um konspiratistische Überzeugungen zu durchschauen:

- die Obskurität: Von der Voraussetzung ausgehend, dass der äußere Anschein trügt, lehnen Verschwörungstheoretiker das gewöhnliche Wissen ab und suchen exotische und wenig bekannte Varianten. Eine Vorliebe für das Unwahrscheinliche und das Okkulte verleiht ihren Daten eine typische und erkennbare Qualität.

Beispiel: Die Entschärfung tonnenschwerer Fliegerbomben mit Rekord-Evakuierungen – etwa in Augsburg 2016 und Frankfurt 2017 – veranlasste Verschwörungstheoretiker dazu, in einem Online-Forum darüber zu sinnieren, dass der ganze Aufwand nur dazu diene, um heimlich „Orgonite" (meist pyramidenförmige Deko-Produkte aus Harzen und Kristallen, die „negative Energien" von „Chemtrails", „Elektrosmog" etc. neutralisieren sollen) zu beseitigen:

In Zeiten, in denen immer mehr Menschen Orgonite an Mobilfunkmasten vergraben, tauchen auf einmal bundesweit angebliche Fliegerbomben auf. Dafür war ja von 1945 bis zum heutigen Tag keine Zeit. Als ob man die nicht schon vorher entdeckt hätte. Häusersiedlungen, sogar Krankenhäuser werden komplett evakuiert, Hubschrauber kreisen im Umkreis umher (es existiert ein Militärradar, mit dem man die Orgonenergie sichtbar machen kann), es dauerte einen ganzen Tag, um die vermeintliche Fliegerbombe im Frankfurter Westend „unschädlich zu machen".

Wie lange soll das jetzt bitte so weitergehen? Wollt ihr jetzt alle Gebiete, in denen Orgonite vergraben wurden, mit „Fliegerbomben" bestücken oder wie? Seid bitte nicht so naiv, ihr geisteskranken Logenbrüder, Geheimdienstler und Co., als ob diese Gebiete mit der Zeit nicht wieder beschenkt werden würden. Aber genial durchdacht, muss ich schon zugeben. So bedanken sich die verstrahlten, vergifteten Menschen auch noch brav bei euch, anstatt das Ganze kritisch zu hinterfragen. Wobei man mit Anwohnern, die sich weigern, ihre Wohnungen zu verlassen, nicht gerade zimperlich umgeht und mit Strafen gedroht hat.
Es ist wahrlich beachtlich, welch Aufwand betrieben wird, um die Lebensenergie zu bekämpfen.

- **die Abneigung, das vorgebliche Wissen preiszugeben:** Dieses zeigt sich gewöhnlich in Form von passiven Verben und vagen Pronomen („sie").

Beispiele finden sich in Facebook-Gruppen wie *Globale Vergiftung durch Chemtrails & HAARP* täglich, etwa

Die gesamte Erde ist viel länger in den Händen der Kabale, als uns vorzustellen unser Mut gestattet.

Mich packt so die Wut grade. Herrgott, die vergiften uns und entziehen uns die Sonne, machen alle krank.

Sie beginnen meistens abends – sprühen dann die Nacht durch und über der bereits geschlossenen Wolkendecke geht's den ganzen Tag weiter.

Die Regierungen der Welt und die königliche Elite sind nicht hier, um sich um Sie zu kümmern. Sie sind hier, um dich zu töten. Sie versuchen nicht unbewusst, dich zu töten. Sie versuchen absichtlich, dich zu töten.

Sie vergiften unser Essen, Trinken und sogar die Luft, was ja schon krass genug ist. Sie werden alles dafür tun, so

weiterzumachen und ihr System aufrechtzuerhalten. Die nehmen uns ja regelrecht auseinander.

- das Stützen auf Fälschungen: Fälschungen als Beweismittel spielen hier eine überdimensionale Rolle. Das bedeutendste Fälschungsdokument waren die sogenannten Protokolle der Weisen von Zion.
- die Widersprüchlichkeiten: Verschwörungstheoretiker bringen mit leichten Abwandlungen und aufschlussreichen Widersprüchen immer die gleichen Kernthesen in Umlauf.

Zu den aufschlussreichen Widersprüchen etwa der Chemtrail-Gläubigen zählen:

– Wie schützen sich eigentlich „die" (wer immer das auch sein mag) und ihre Familien vor den todbringenden Auswirkungen der angeblichen globalen Vergiftung? Dazu kursiert eine Vielzahl von konträren Erklärungen, zum Beispiel:

Die 1%, also die absolute Elite, denken, sie seien Gott höchstpersönlich. Also die machen sich deswegen überhaupt keine Sorgen.

Soweit ich mitbekommen habe, denken die, es sei zwingend notwendig.

Psychopathen sind nicht imstande, die Folgen ihrer Handlungen abzuschätzen, nicht einmal für ihr eigenes Leben.

Weil die gesagt bekommen, dass es nicht giftig ist.

Die Piloten dürften zum erheblichen Teil Militärangehörige sein und werden für ihren lebensverachtenden Auftrag sicher gut entlohnt.

Die Protokolle der Weisen von Zion

Bei den Protokollen der Weisen von Zion handelt es sich um ein vollständig erfundenes Dokument, das den geheimen Plan einer jüdischen Verschwörung mit dem Ziel der Weltherrschaft beweisen soll. Der Text schildert ohne Orts- und Zeitangaben eine konspirative Zusammenkunft von Vertretern des „internationalen Judentums", die darüber beraten, wie sie Wirtschaft, Finanzen, Medien und Kultur kontrollieren können, unter Berufung auf das „Recht des Starken" und die „Herrschaft des Geldes". Die „Protokolle" erschienen erstmals zwischen 1903 und 1905 in Russland und Anfang der 1920er-Jahre auch in Deutschland und in ganz Europa.

Bereits 1921 wurden die „Protokolle" in einer Rezension der Londoner *Times* als Fälschung entlarvt, die auf älteren, fiktionalen Texten basiert, zum Beispiel Gespräche in der Unterwelt zwischen Machiavelli und Montesquieu von Maurice Joly (1864) und Biarritz von Hermann Goedsche alias Sir John Retcliffe (1868).

Als Verfasser der antisemitischen Hetzschrift vermutete man Agenten der zaristischen Geheimpolizei Ochrana. Der deutsche Historiker Michael Hagemeister kritisiert die Ochrana-These und hält die Frage nach der Urheberschaft für offen. Nach Ansicht von Experten erzielte kein anderer antisemitischer Text jemals größere Wirkung als die „Protokolle" – weil das Publikum an eine so griffige Welterklärung glauben wollte und will.

Ich kann mir vorstellen, dass dieser Personenkreis eine Art Schutzimpfung hat und/oder Luftfilter.

Unter anderem mit der Apherese (eine moderne Blutwäsche). Kostenpunkt über 2000 Euro pro Anwendung. Meistens werden zwei durchgeführt und dann wird geschaut, ob noch weitere nötig sind. Bis zu sechs sind möglich.

Angeblich soll reiner Tabak dagegen helfen.

- Wie verträgt sich der Glaube an Chemtrails zur Klimamanipulation mit dem Glauben an die „Klima-Lüge"? In Communitys wie *Globale Vergiftung durch Chemtrails & HAARP* wird unter stets großer Zustimmung die Erderwärmung geleugnet („Die ganze Klimalüge wurde erdacht, um das Volk auszurauben und zu versklaven") – und zugleich beklagt, dass „die uns die Sonne entziehen" beziehungsweise „die Sonne in Deutschland kaum noch durch den Dreckschleier am Himmel durchkommt". Solche angeblichen Maßnahmen zum Herunterkühlen der Erde wären indes überhaupt nicht notwendig, wenn es den Klimawandel gar nicht gäbe.

Und jeder Versuch, diesen Widerspruch aufzulösen, führt nur zu weiteren Widersprüchen innerhalb der Szene: Angenommen, die „Klimalüge" (= es gibt eine globale Erwärmung) sei nur der Vorwand, um Chemtrails (= Geoengineering zur Beeinflussung des Klimas) versprühen zu können – was aber ist dann der „wahre" Sinn und Zweck von Chemtrails? Auch hierzu reichen die Vermutungen der Chemtrail-Gläubigen einander widersprechend von „Zwangsimpfungen" über „Bevölkerungsreduktion" bis hin zu „Gedankenkontrolle" und „Ruhigstellung der Bevölkerung".

- Der größte Widerspruch jedweder Verschwörungstheorie ist zugleich der augenfälligste: Wieso sind praktisch allmächtige Verschwörer, die sämtliche sozialen und wirtschaftlichen Prozesse weltweit vollkommen kontrollieren können, nicht in der Lage, diejenigen auszuschalten (oder zumindest ihre Youtube-Filmchen zu löschen), die die Verschwörung aufdecken und der Welt mitteilen?

- **Unmengen von gelehrter Scheinfaktizität und pedantischen Verweisen:** Verschwörungstheoretiker scheinen es darauf abgesehen zu haben, Skeptiker mit Namen, Daten und Fakten zu bombardieren.

Beispiel: Ein typischer „Reichsbürger"-Kommentar im GWUP-Blog liest sich so:

Denkfehler oder Denkabsicht? Kritiker werden zunehmend als Reichsbürger bezeichnet und damit politisch verfolgt. Der Reichsbürger war nach dem „Reichsbürgergesetz" des 3. Reiches sinngemäß nur derjenige, der das Recht hatte, bevorzugt zu werden, weil er Systemtreue bewiesen hatte. Die anderen Bürger waren Staatsbürger und hatten weniger Rechte. Die Bezeichnung „Reichsbürger" wird gern verwendet gegen Bürger, die Machtmissbrauch nicht ertragen können oder um Bürgerrechtler politisch verfolgen zu können, die z.B. Rechtsbeugung anprangern. Der Reichsbürger ist im „Reichsbürgergesetz" des 3. Reiches definiert. Das Gesetz beendete die staatsrechtliche Gleichheit der deutschen Bürger, indem es zwei neue Kategorien schuf: den „Staatsangehörigen deutschen oder artverwandten Blutes" sowie den „Reichsbürger", dem durch sein Verhalten allein die vollen politischen Rechte zustanden. Die 11. Verordnung zum „Reichsbürgergesetz" entzog den Juden die deutsche Staatsangehörigkeit sowie ihre Vermögen. Weiteres im Internet. Nach der Politik gäbe es noch den „Reichsbürger". Er wäre (entsprechend dem Reichsbürgergesetz) Neonazi, antisemitisch, demokratiefeindlich, Holocaustleugner usw. Diese politische Verdächtigung verstößt gegen Artikel 1 Grundgesetz (Menschenwürde) und ist nach § 241a StGB (politische Verdächtigung) sowie nach 187 StGB (Verleumdung) strafbar, aber das wird unter Missachtung des Artikel 3 GG (Gleichheitsgrundsatz) einfach ignoriert.

Alles klar?

- das Aufeinandertürmen von Verschwörungstheorien: Die Lücke in einer Verschwörungstheorie wird wiederum durch eine weitere Verschwörungstheorie erklärt.

Beispiel: Die Enthüllungsplattform WikiLeaks veröffentlichte 2009 mehr als 500.000 Textnachrichten, die Mitarbeiter von US-Behörden am 11. September 2001 über Funkmeldeempfänger versandt hatten. Sie enthielten keinerlei Hinweise auf einen „Inside Job“. WikiLeaks-Gründer Julian Assange erklärte sogar, 9/11-Verschwörungstheorien lenkten von realen Verschwörungen für Krieg und Korruption ab, die es überall gebe und die Wikileaks aufgedeckt habe. Für 9/11-Truther ist WikiLeaks damit selbst Teil einer Verschwörung, um von wahren Verbrechen der US-Geheimdienste abzulenken.

- die unkritische Akzeptanz jedweden Arguments, das auf eine Verschwörung hindeutet.

Bezeichnend für diesen Punkt ist die kuriose Tatsache, dass in den Foren und Online-Communitys von Verschwörungstheoretikern immer wieder Jux-Meldungen von Satireseiten wie *Der Postillon* als Beweise geteilt werden, wie zum Beispiel: „Zu teuer und ineffizient: Regierung stellt umstrittenes Chemtrail-Programm ein“ oder „Regierung versprüht ab sofort unsichtbare Chemtrails, um Verschwörungstheoretikern das Leben schwerzumachen“.

- Vorteilgewinn verrät Kontrolle: Wer aus einem Ereignis Gewinn zieht, muss es verursacht haben.

Dieses „Cui bono?“-Pseudoargument, mit dem im Grunde jeder Gewünschte als Täter markiert werden kann, hatten wir bereits auf Seite 32 für untauglich erklärt.

- Leichtfertiger Umgang mit Fakten.

Beispiel: Anfang 2018 veröffentlichte die bayerische Kabarettistin Lisa Fitz im Youtube-Kanal eines bekannten Verschwörungstheoretikers ihren Song „Ich sehe was, was du nicht siehst“. Darin schwadroniert sie über „den Schattenstaat“ und „die Puppenspieler“ hinter den Kulissen des Weltgeschehens und nennt an erster Stelle der „Schurkenbanken und Gierkonzerne“ die Rothschilds. Nun gehört das Bankhaus Rothschild (beziehungsweise drei Finanzgruppen, die von unterschiedlichen Familienzweigen der Rothschilds kontrolliert werden) nicht einmal annäherungsweise zu den weltweit zehn größten Banken, weder nach Marktkapitalisierung noch nach Bilanzsumme. Dafür gilt der Name „Rothschilds“ als antisemitischer Code, mit dem man des globalen diabolischen Übels Kern auf das „Finanzjudentum“ herunterbrechen kann.

- **Es gibt keine Zufälle und Torheiten**: Der Zufall spielt keinerlei Rolle. Was immer in der Gesellschaft geschieht, ist für den Verschwörungstheoretiker das Resultat direkten Planens von einigen wenigen, mächtigen Einzelpersonen oder Gruppen.
- **Der äußere Anschein trügt**: Für einen vernünftigen Menschen bedeutet ein Mangel an Beweisen, dass es eben keine Verschwörung gibt. Für einen Verschwörungstheoretiker hingegen besteht der beste Beweis darin, dass es gar keinen Beweis gibt. Denn um erfolgreich zu sein, muss eine Verschwörung sich und ihre wahren Ziele tarnen und als Gegenteil dessen ausgeben, was sie in Wahrheit ist.

Die Plausibilitätsprüfung und die Methodenkritik, wie Pipes und Raab/Carbon/Muth sie vorschlagen, können zur Identifizierung von Verschwörungsdenken beitragen, indem sie deutlich machen, dass die allermeisten Konspirationstheorien wirklichkeitsfrei sind und von Übertreibung, Verdächtigung und maßloser Fantasie leben. Statt eines analytischen Blickes wird ein feststehender Erklärungsansatz auf alles angewendet und, wenn nötig, passend zurechtgebogen. Insofern unterscheiden sich reale Verschwörungen erkennbar von den imaginären der Verschwörungstheoretiker, erklärt auch Michael Butter:[23]

– Denn diese entwerfen erstens fast immer Szenarien, an denen dutzende oder mehr Verschwörer beteiligt gewesen sein müssen – man denke nur an die Anschläge des

11. September 2001. Reale Verschwörungen dagegen umfassen zumeist eine überschaubare Anzahl an Personen.

- Zweitens behaupten Verschwörungstheorien fast ausnahmslos, dass die Verschwörer über einen längeren Zeitraum aktiv sind. Sie nehmen reale oder imaginäre Gruppen wie Juden, Kommunisten, Illuminaten oder Aliens in den Blick und schreiben ihnen nicht nur eine Untat zu, sondern eine ganze Reihe von Verbrechen. Erwiesene Verschwörungen dagegen beschränken sich fast immer auf ein klar eingrenzbares Ereignis wie ein Attentat oder einen Staatsstreich.
- Entsprechend verstehen drittens Verschwörungstheoretiker Geschichte als eine Abfolge von Komplotten. Sie schreiben den Verschwörern die Fähigkeit zu, über Jahre, manchmal sogar über Jahrzehnte hinweg den Lauf der Dinge zu bestimmen. Die Erfahrung realer Verschwörungen aber zeigt, dass Geschichte mittel- oder gar langfristig nicht planbar ist. CIA und MI6 haben 1953 im Zuge der „Operation Ajax" den iranischen Ministerpräsidenten Mohammed Mossadegh gestürzt; die iranische Revolution, die 1979 indirekt daraus folgte, wollten sie aber bestimmt nicht auslösen.

Unabhängig von solch umfangreichen Betrachtungen der Beweiskraft und Schemata von Verschwörungstheorien kann auch eine Heuristik weiterhelfen, um authentische Kritik von Bullshit zu unterscheiden: Zeigt derjenige die Bereitschaft, einzusehen, dass er auch falsch liegen könnte? Oder geht es ihm primär um emotionale Befriedigung? Mit anderen Worten: Es ist auch darauf zu achten, wie Vertreter der Theorie mit Kritik umgehen.

●●● **Fazit:** Bekannt gewordene echte Verschwörungen unterscheiden sich signifikant von imaginären Verschwörungen, wie sie in den allermeisten Verschwörungstheorien gezeichnet werden. Denn wirkliche Verschwörungen haben mit Problemen aus der realen Welt zu kämpfen. Schon Machiavelli wusste, dass eine erfolgversprechende Verschwörung nicht lange dauern darf und nur wenige Personen daran beteiligt sein dürfen. In unserer multikausalen Realität haben wir es mit hochkomplexen Systemen zu tun, in denen sich eine Vielzahl von Akteuren mit zum Teil widerstrebenden Interessen, Zielen und Absichten tummeln. Auch Verschwörer sind normale Menschen mit Schwächen und Unvollkommenheiten, die die Folgen einer Handlung oder eines Plans kaum im Voraus abschätzen können. Je stärker die angeblichen Akteure in einer Verschwörungstheorie dämonisiert werden, umso mehr kann man davon ausgehen, dass die Verschwörungstheorie ein reines Phantasieprodukt ist.

Zudem handelt es sich bei einem Verschwörungstheoretiker nicht einfach um jemanden, der die Tatsache akzeptiert, dass es echte Verschwörungen gibt. Sondern Verschwörungstheoretiker legen ihren Annahmen eine ganz spezielle methodologische Herangehensweise sowie bestimmte Prioritäten zugrunde, die darauf abzielen, konkrete, sinistere Täter zu identifizieren. An die Stelle von systematischen Strategien zur Bestätigung oder Widerlegung von Hypothesen treten dabei Glaubenssätze, gegen die jeder Einwand zwecklos ist.

Als Faustregel, um ohne vertieftes Wissen die Plausibilität einer Verschwörungstheorie einzuschätzen, bieten sich drei Punkte an: Ist das, was behauptet wird, noch überprüfbar? Verstößt die Begründung der Verschwörungstheorie gegen Grundsätze der Vernunft (Widersprüche, Argumentationslücken etc.)? Reagieren die Vertreter der Verschwörungstheorie auf Kritiker, indem sie diese persönlich angreifen? ●●●●●●●●●

Verschwörungstheoretiker sind krank

●●● Behauptung: „Wer Skepsis und Zweifel an einer orthodoxen Wahrheit hat und alternative Hypothesen ins Spiel bringt, wird als gefährlich, lächerlich oder gaga klassifiziert. Ende der Diskussion." (Mathias Bröckers) ●●●

„Neonazis und Verrückte" – so nennt der Wettermoderator Jörg Kachelmann die Anhänger der Chemtrail-Verschwörungstheorie. Und das darf er. Im März 2012 entschied das Berliner Landgericht, dass diese Äußerung von der Meinungsfreiheit gedeckt sei. Die Bezeichnung „verrückt" sei im umgangssprachlichen Sinne gemeint gewesen und habe nicht bedeutet, dass alle Mitglieder der [klagenden] Bürgerinitiative *Sauberer Himmel* (siehe S. 17) im pathologischen Sinne krank seien. Dem Gericht zufolge hatte sich Kachelmann nur ganz allgemein über die Chemtrail-Bewegung geäußert.

Zwei Jahre später wiederholte der Journalist mit Schwerpunkt Meteorologie in einem Gespräch mit dem *Hoaxilla*-Podcast Invektive wie „Wahnsinnige", „Durchgeknallte", „Schwachsinn" im Zusammenhang mit der Chemtrail-Szene. Der Arzt Jan Oude-Aost, der in einer Klinik für Kinder- und Jugendpsychiatrie und Psychotherapie arbeitet, nahm dies zum Anlass, der Frage nachzugehen, ob irrationales Denken „verrückt" ist. In der Zeitschrift *Skeptiker* (4/2015) skizzierte Oude-Aost einen Musterfall, den wir im Folgenden wiedergeben.

Kopfschmerzen und Kondensstreifen

Herr Mustermann wohnt in einem Eigenheim und ist Anfang 50. Die Kinder sind aus dem Haus. Der Job ist Routine, aber so richtig geht es nicht mehr vorwärts. Bei Kollegen und Studienfreunden scheint es besser zu laufen. Bei ihm hat sich das jahrelange Engagement in der Firma nicht so ausgezahlt, wie er sich das erhofft hatte. Herr Mustermann fühlt sich bereits seit einigen Monaten ausgelaugt. Zur Arbeit quält er sich nur noch und hat auch die Lust an Aktivitäten verloren, die ihm früher Freude bereitet hatten. Seit der Zeit neigt er auch zu Kopf- und Rückenschmerzen.

Eines Tages liest er im Internet von Kondensstreifen, die aus Chemikalien bestehen. Die würden ausgebracht, um Menschen krank zu machen. Herr Mustermann ist kein leichtgläubiger Mensch, und so recherchiert er im Netz. Er findet viele Belege für diese Kondensstreifen, Fotos, Filme, Analysen, Berichte, Bücher. Er bleibt zwar skeptisch, behält das Ganze aber im Hinterkopf. Wenn er in den nächsten Wochen Rücken- oder Kopfschmerzen hat oder sich besonders ausgelaugt fühlt, schaut er an den Himmel und sieht immer Kondensstreifen. „Früher“, denkt er sich, „waren doch nicht so viele Kondensstreifen am Himmel. Das sagen ja auch die Seiten im Netz. Sind die mir nicht aufgefallen?“

Immer noch nicht wirklich überzeugt – immerhin klingt die Idee von den Regierungen, die ihr Volk vergiften, nach einer ziemlichen Verschwörungstheorie – sucht er nach Menschen, die sich damit auskennen. Er geht zu einem lokalen Treffen eines Vereins, der den Himmel von dem Gift säubern will. Dort trifft er Menschen, denen es teilweise genauso geht wie ihm. Herr Mustermann ist einerseits froh, denn es bedeutet, dass er sich das Ganze nicht einbildet und seine

Kopfschmerzen und die Erschöpfung echt sind. Andererseits macht ihn das wütend und er möchte sich dagegen wehren, dass er krank gemacht wird. So wendet er sich an seinen Abgeordneten, Universitäten und die Polizei. Schreibt Anfragen, unterschreibt Petitionen und erstattet Anzeige. Doch nirgendwo hat er Erfolg.

Die Antworten, die er bekommt, sind für ihn Ausreden, Wischiwaschi, wenn nicht sogar gelogen! Er merkt doch jeden Tag am eigenen Leib, was diese Chemtrails mit ihm machen. Und er kennt viele Leute, denen es genauso geht. Er fragt sich, warum niemand etwas unternimmt. Auch wenn es ihm schwerfällt, es zu akzeptieren, zieht Herr Mustermann den logischen Schluss, dass es sich um eine Verschwörung handeln muss. Als er dann ein Youtube-Video von Jörg Kachelmann sieht, in dem der auch nur Lügen zu Chemtrails erzählt, platzt ihm der Kragen. Er schreibt einen Brief an Kachelmann, um ihn über die Zustände in diesem Land aufzuklären. Ihm die Augen zu öffnen.

Oude-Aost klopft diesen Fall nach dem internationalen Diagnoseschema DSM-IV (*Diagnostic and Statistical Manual of Mental Disorders*) ab, das folgende Kriterien für eine psychische Erkrankung nennt:

- Leidensdruck oder Behinderung
- Fehlanpassungen
- Irrationalität
- Unberechenbarkeit
- Außergewöhnlichkeit und statistische Seltenheit
- Unbehagen bei Beobachtern
- Verletzung moralischer und gesellschaftlicher Normen

Eindeutig ruft das Verhalten des Herrn Mustermann bei uns Beobachtern/Lesern Unbehagen hervor. Dieses werde jedoch durch das Thema „Chemtrails" ausgelöst, nicht durch das Verhalten von Herrn Mustermann, meint Oude-Aost. Das Verhalten sei aber entscheidend für die Frage nach einer psychischen Erkrankung. Damit treffe dieser Punkt nicht zu. Herr Mustermann verletze auch keine moralischen oder gesellschaftlichen Normen. Das würde uns auch seine Frau bestätigen. Und die übrigen Aspekte? Zwar habe Herr Mustermann Leidensdruck, dieser besteht jedoch bereits von Anfang an. Der Leidensdruck bewegt ihn, sich mit den Chemtrails zu beschäftigen, erwächst aber nicht aus diesen. Prinzipiell sind Recherche und die Suche nach Hilfe gesunde Anpassungsreaktionen. Auch eine Fehlanpassung liegt bei Herrn Mustermann somit nicht vor.

Rational vs. Irrational

Die Frage nach Irrationalität ist weniger leicht zu beantwortet. Aus seiner eigenen Sicht zieht Herr Mustermann logische Schlüsse und handelt demnach rational. Dabei ist er stets berechenbar für seine Umwelt. Die Außergewöhnlichkeit und statistische Seltenheit müssen ebenfalls differenziert betrachtet werden. Von außen handelt es sich um eine außergewöhnliche Annahme. Für Herrn Mustermann sieht das anders aus, er trifft viele Menschen, die derselben Ansicht sind wie er. Bis hierhin scheint der Glaube an verschwörungstheoretischen Unsinn kein Zeichen einer psychischen Erkrankung zu sein. Für die Aufklärung darüber ist das sogar positiv. „Was für einen Sinn hätte es, mit kranken Menschen zu diskutieren?“, wirft Oude-Aost zu Recht ein.

Bevor wir aber mit der ärztlichen Diagnose des Herrn Mustermann fortfahren, können wir aus seiner Geschichte eine Reihe von allgemeinen psychologischen Faktoren extrahieren, die den Glauben an Verschwörungstheorien triggern.

Bedürfnis nach Einzigartigkeit

Offenbar leidet Herr Mustermann unter seiner gefühlten Bedeutungslosigkeit. Der Sozialpsychologe Roland Imhoff und die Psychologin Pia Lamberty von der Universität Mainz konnten zeigen, dass ein bescheidener, aber robuster Zusammenhang besteht zwischen dem Bedürfnis nach Einzigartigkeit und dem Glauben an Verschwörungstheorien. Dafür erfanden die Studienleiter eine Verschwörungstheorie, nach der die in jeder Wohnung installierten Rauchmelder manipulative Strahlen aussenden. Der Hälfte der 290 Probanden erzählten sie, dass 81 Prozent der Deutschen diesen Sachverhalt glauben würden. Der anderen Hälfte wurde das Gegenteil gesagt: 81 Prozent der Deutschen zweifelten die Theorie an.

Diejenigen Studienteilnehmer, die im Vorfeld als anfällig für Verschwörungstheorien eingestuft worden waren, glaubten die Rauchmelder-Story eher, wenn diese als unpopulär in der breiten Bevölkerung dargestellt wurde. Das heißt: Sie teilten lieber die Minderheitsposition der 19 Prozent Verschwörungs-„Gläubigen", anstatt sich mit der „vernünftigen", aber konformen Mehrheit gemein zu machen. Ein Viertel der „Gläubigen" hielt auch dann noch an der Rauchmelder-„Verschwörung" fest, als die Versuchsleiter ihnen erklärten, dass die Geschichte Fiktion sei. Dieses Festhalten korrelierte mit dem von den Testpersonen selbst eingeschätzten Bedürfnis nach Einzigartigkeit.

Manche Verschwörungstheorien haben einen spannenden Plot, sind aufregend und können so exzentrisch goutiert werden wie das Lieblingsbuch, das neben Versenkung und dem Anreiz zur aktiven Beschäftigung auch selbstauszeichnende Identifikation ermöglicht. Möglicherweise kommt daher auch die inflationäre Nutzung des Begriffs „Mainstream", von dem Verschwörungstheoretiker sich abgrenzen wollen. Vor allem mit der Standard-Replik „Das ist nur das, was Du glaubst“ ernennen Verschwörungstheoretiker sich gerne zum großen Durchblicker.

Selbstaufwertung

Verschwörungstheorien sind ein Ego-Booster. Verschwörungstheoretiker halten sich selbst für eine Wissenselite, Teil einer großen Aufklärungsbewegung, die hinter die Kulissen schaut, den Schleier lüftet und exklusive Erkenntnisse besitzt, durch die sie sich der Masse der „Schlafschafe“ überlegen fühlen kann. Je deutlicher man den Gegensatz zu „den Manipulierten“ betont, desto vehementer kann man sich einkapseln und die selbst behauptete Marginalisierung als eine Art Adelsprädikat des „freien Denkens“ ausgeben. Entsprechende Äußerungen in einschlägigen Internet-Foren lesen sich zum Beispiel so:

Verschwörungstheoretiker genannt zu werden ist eine hohe Auszeichnung, der Wahrheit auf die Spur gekommen zu sein.

Hier könnt ihr aufdecken, wie wir kontrolliert und manipuliert werden. Hier können sich die sogenannten Verschwörungstheoretiker auslassen. Hier wird jeder ernst genommen. Wenn uns 75 Prozent der Welt für verrückt erklärt, dann sollen sich hier die restlichen 15 Prozent treffen und sich austauschen. Vielleicht wecken wir noch ein paar andere damit auf.

Wohl nur vor diesem Hintergrund ergibt auch die Verschwörungstheorie von der „flachen Erde“ einen gewissen Sinn, die bislang selbst unter Experten als „kleine Anomalie“ galt, da sie weder eine Erklärung für individuelle Missbefindlichkeiten oder für komplexe weltpolitische Ereignisse liefert noch auf einen aktuellen Auslöser zurückgeführt werden kann. Indem die „Flat-Earther“ die Erde wieder in den Mittelpunkt des Universums rücken, stellen sie auch sich und ihre eigenen Ansichten und Bedürfnisse selbst wieder in den Mittelpunkt.

Komplexitätsreduktion

Verschwörungstheorien geben einfache Antworten auf komplizierte Fragen. Immer wieder geraten Menschen in Situationen, in denen sie die Welt nicht mehr verstehen. Der Historiker Dieter Groh könnte unseren Herrn Mustermann im Blick gehabt haben, als er 1992 seinen Aufsatz „Die verschwörungstheoretische Versuchung" schrieb: „Es geschieht ihnen etwas, von dem sie glauben, dass sie es nicht verdient haben. Das, was ihnen da geschieht, erfahren sie als Unrecht, Unbill, Böses, Unglück, Katastrophe. Es widerfährt ihnen, so meinen sie, unverdientermaßen, weil sie ja gut, anständig sind, rechtmäßig handeln, in die richtige Kirche gehen, einer überlegenen Kultur, einem gesunden Volk angehören. Auf der Suche nach dem Grund, warum ihnen solches widerfährt, stoßen sie alsbald auf eine andere Gruppe, eine Gegengruppe, der sie bestimmte Eigenschaften zuschreiben: Diese Gruppe schadet ihnen, indem sie offenbar ihre finsteren, im geheimen ausgebrüteten Pläne verwirklicht."

Keine Erklärung zu haben für die Unfairness der Welt – das ist schwer auszuhalten. Die verschwörungstheoretische Versuchung besteht nun darin, komplexe Vorgänge und Strukturen auf simple, überschaubare Zusammenhänge zu reduzieren und zu unterstellen, dass unsichtbare Mächte das Geschehen lenken. Und die Bevölkerung kräftig übers Ohr hauen. Verschwörungstheorien erlauben es, den Zufall auszuschließen und eine Ordnung in das moderne Chaos zu bringen – wie eine „Weltformel des Übels", die vom Untergang der Titanic (als Versicherungsbetrug) bis zur gegenwärtigen Flüchtlingswelle alles in einen einzigen Zusammenhang verpackt. Intensiveres Hinschauen, Hinterfragen,

Recherchieren und Abwägen ist mühsam. Die Vorstellung, dass hinter allem, was man als beängstigend und falsch empfindet, ein niederträchtiger Plan steht, der einen in eine bequeme Opferrolle drängt, umso attraktiver. Das gilt – wie im Falle von Herrn Mustermann – für persönliche Befindlichkeiten ebenso wie für gesellschaftliche Entwicklungen.

Der *Spiegel*-Reporter Ullrich Fichtner wählte für einen Essay über die neue Unübersichtlichkeit („Die große Erosion") die EU als Beispiel, um zu zeigen, wie Verschwörungstheorien als Denkmuster und Interpretationsangebote in den Alltag einsickern: „Wer weiß schon, was hinter den Kulissen [der EU] läuft? Wie sie funktioniert? Aus welchen Behörden sie überhaupt besteht? Wer das Sagen hat? Ein Menschenleben reicht kaum aus, um das herauszufinden; was also soll der Normalbürger tun? Er macht sich auf die Suche nach Deutungsangeboten, die Komplexität reduzieren helfen, und sie dürfen – je geringer sein Interesse, je schlechter seine politische Bildung, je prekärer sein Sozialstatus – auch einfach auf den Vorschlag hinauslaufen: abschaffen! Brüssel zumachen! Schluss damit!" Oder aber es läuft darauf hinaus, die Bilderberger ins Spiel zu bringen, die „die EU beschlossen" und „den Euro erfunden" haben, wie es durchs Internet wispert.

Diese „grassierende Verschwörungsmentalität" (Fichtner) lässt sich durchaus belegen. Die Leipziger „Mitte"-Studie von 2016 förderte zutage, dass 38,6 Prozent der Deutschen dem Satz zustimmen: „Es gibt geheime Organisationen, die großen Einfluss auf politische Entscheidungen haben." 34 Prozent stimmen der Aussage zu, dass die meisten Menschen nicht erkennen würden, „in welchem Ausmaß unser Leben durch Verschwörungen bestimmt wird, die im Geheimen ausgeheckt werden". 28 Prozent stimmen teilweise, 34,8 Prozent stimmen voll zu, wenn es heißt: „Politiker und andere Führungspersönlichkeiten sind nur Marionetten der dahinterstehenden Mächte."

Bleibt allerdings eine Frage: Wenn Verschwörungstheorien ein anreizendes Instrument sind, um die Umwelt anhand einfacher, monokausaler und stereotyper Annahmen zu erklären – wieso expandieren dann in der Vorstellungswelt etwa von Chemtrail-Gläubigen simple Kondensstreifen zu einem weltumspannenden Konvolut von geheimen Plänen und Absprachen mit Abertausend Mitwirkenden?

Dieser Widerspruch zwischen der komplexitätsreduzierenden Funktion einer Verschwörungstheorie einerseits und der Attraktivität hochkomplexer Verschwörungstheorien andererseits ist nur ein scheinbarer. Zum einen dient die vorgebliche Komplexität lediglich der Verschleierung und Ausschmückung des dahinterstehenden einförmigen Denkmusters. Zum anderen erzeugt hohe Komplexität auch Interesse, solange sich ein Muster andeutet, das die Komponenten scheinbar sinnvoll verknüpft.

Mustererkennung

Komplexitätsreduktion hängt eng mit Musterbildung zusammen. Verschwörungstheoretiker reduzieren die Wirklichkeit auf ein Muster aus Absicht und Ausgeliefertsein, stellen dabei aber imaginäre Verknüpfungen von Einzelbeobachtungen und gesellschaftlichen Geschehnissen her. Verschwörungstheorien resultieren somit auch aus einer überschießenden Mustererkennung, ähnlich wie Pareidolien, bei denen Menschen in Wolken oder auf verbranntem Toastbrot Jesus Christus oder die Jungfrau Maria sehen.

Muster zu erkennen ist ein elementarer Bestandteil unseres Wahrnehmungsapparats, denn diese Fähigkeit bringt Ordnung in den Strom unserer Sinneseindrücke. Bereits kurz nach der Geburt richten Babys ihre Aufmerksamkeit auf Gesichter und Dinge, die Gesichtern ähneln. Denn zum Überleben ist es unabdingbar, die beschützenden und versorgenden Bezugspersonen nicht mit anderen zu verwechseln. Das pausenlose Bemühen unseres Bewusstseins, aus einer Reizvorlage sinnstiftende Strukturen zu isolieren, ist Voraussetzung für die Einordnung in entsprechende Deutungskategorien und somit zum Verständnis von Informationen. Das gilt nicht nur für Bildinformationen, sondern bezieht sich auf alle Formen der Informationsverarbeitung. Jeder kennt das, der sich schon mal über einen „Songverhörer" im Radio amüsiert hat oder beim Joggen im Wald ins Stocken geraten ist, weil der Ast auf dem Weg für einen Augenblick wie eine Schlange aussah. Letzteres illustriert zugleich auch den evolutionären Nutzen des Gestaltsehens. Es half unseren Vorfahren, den Tiger im Gebüsch zu erkennen und rechtzeitig die Flucht zu ergreifen. Anhänger von Verschwörungstheorien verarbeiten nach Ansicht von Wissenschaftlern Informationen anders als ihre Mitmenschen. So erkennen sie in zufälligen Anordnungen häufiger ein Muster oder sogar Ursache-Wirkungs-Zusammenhänge. Darauf deuten verschiedene psychologische Experimente hin.

Bei Youtube kann man heute noch die „Heider and Simmel"-Animation aus dem Jahr 1944 abrufen, ein kurzes Filmchen, das nichts weiter zeigt als ein kleineres und ein größeres Dreieck, einen Punkt und ein Quadrat, das sich links oben öffnen und schließen kann und an dieser Stelle die übrigen drei geometrischen Figuren unregelmäßig eindringen und wieder freilässt. Fast alle Versuchspersonen, denen Fritz Heider und Marianne Simmel diesen Clip zeigten, erkannten in den rein zufälligen Bewegungen der Objekte ganz bestimmte Intentionen und Kausalitäten. Die Interpretationen reichten bis hin zu einem hochemotionalen Eifersuchtsdrama. Diese vielzitierte Studie ist in den letzten Jahren mehrfach repliziert worden, darunter von der Sozialpsychologin Karen Douglas (*Someone is pulling the strings: Hypersensitive agency detection and belief in conspiracy theories*, 2016), deren Probanden dem Punkt und den beiden Dreiecken ebenfalls absichtsvolles Handeln unterstellten, etwa: „Das große rote Dreieck versucht dem kleinen blauen Dreieck Angst einzujagen". Eine relevante Rolle spielen dabei Heuristiken, kognitive Shortcuts, mit denen wir Situationen blitzschnell einzuschätzen pflegen, wenn analytisches Denken gerade nicht möglich oder erwünscht ist.

Auf unsere heutige Wirklichkeit könnte man dieses Experiment so übertragen, erklärt die Psychologin Eva-Maria Träger im Berliner *Tagesspiegel*:[24] Das Leben in einer hoch vernetzten Welt bringt mit sich, dass wir vieles durch die Medien erfahren, was sich unserem unmittelbaren Einfluss und Beurteilungsvermögen entzieht. Wer kennt sich noch aus mit internationaler Politik, Wirtschaft, Wissenschaft, Computer? Wer kann schon wirklich beurteilen, wer hinter dem Attentat auf John F. Kennedy steckt, ob die Mondlandung stattgefunden hat oder Elvis Presley infolge eines Herzversagens starb? Sind Ereignisse für den unbeteiligten Einzelnen nicht überschaubar oder fehlen gar plausible Informationen, suchen wir unwillkürlich nach ihnen. Und wenn die Wirklichkeit sie nicht liefern kann, muss die Fantasie beziehungsweise müssen Verschwörungstheorien herhalten und Wissenslücken schließen.

Wenn indes das Erkennen von Mustern und Absichten, von Ordnung und Bedeutung im Wirrwarr unserer Umgebung in der Natur des Menschen liegt – wieso ist dann die „verschwörungstheoretische Versuchung“ nicht noch wesentlich erfolgreicher? Aus welchem Grund erschaffen sich manche Zeitgenossen eine eingebildete Struktur, um Ordnung ins beunruhigende Chaos zu bringen – und andere nicht?

2008 konnten die Psychologen Jennifer Whitson von der Northwestern University in Evanston und Adam Galinsky von der University of Texas in Austin zeigen, dass vor allem Menschen, die eine Situation nicht unter Kontrolle haben, dazu tendieren, überall Muster und Verbindungen zu sehen. Die beiden Forscher („Lacking control increases illusory pattern perception“) entwarfen sechs verschiedene Experimente, bei denen sie den Grad der Kontrolle, die die Versuchspersonen auf ihre Umgebung ausüben konnten, systematisch manipulierten. So irritierten sie die Testteilnehmer beispielsweise damit, dass ein Computer ihnen ein völlig unvorhersehbares Feedback gab, oder ließen sie Situationen, in denen sie sich sehr hilflos gefühlt hatten, noch einmal durchleben. Anschließend hielten Whitson/Galinsky den Probanden unter anderem Bilder aus schwarzen und weißen Punkten vor, die in einigen Fällen ein Motiv wie ein Pferd oder ein Boot bildeten, in anderen jedoch zufällig verteilt waren.

Hatten die Teilnehmer das Gefühl, die Situation nicht kontrollieren zu können, sahen sie in den reinen Punktansammlungen überdurchschnittlich häufig Gegenstände. Zudem neigten sie eher dazu, Verschwörungen zwischen anderen Personen zu wittern oder Muster in zufällig ausgewählten Börsendaten zu erkennen. Die Erklärung der Psychologen: Kontrollverlust werde von der Psyche als starke Bedrohung wahrgenommen. Daher suche das Gehirn nach Strukturen, um die aktuelle Situation besser verstehen und zukünftige Entwicklungen vorhersagen zu können. Eine Möglichkeit, das Umfeld zu strukturieren, sei es eben, nach Mustern zu suchen – und, wenn es keine gibt, welche einzubauen.

Tatsächlich ist der Befund eines „wahrgenommenen Kontrollverlusts" auch das Fazit eines *Zeit*-Dossiers vom Oktober 2017 über die vordergründig unerklärlich scheinenden Wahlerfolge der AfD in der „modernen, wohlhabenden Idylle" Heilbronn. Ein ausschlaggebender Punkt dabei war „das Gefühl, dass gesellschaftliche Gruppen, denen man sich selbst nicht zugehörig fühlt, den Wertekanon prägen". Roland Imhoff, Professor für Sozial- und Rechtspsychologie an der Universität Mainz, umreißt mögliche Kontrollverluste von Menschen, die an Verschwörungstheorien glauben, so: „Vielleicht sind sie seit längerer Zeit arbeitslos, haben Geldprobleme oder fühlen sich von der Gesellschaft dauerhaft ausgegrenzt, weil sie zum Beispiel einer Minderheit angehören. Menschen, die sich auf irgendeine Weise abgehängt fühlen und denken, dass sie keinen Einfluss darauf haben, was in ihrem Leben und der Welt passiert, können über Verschwörungstheorien unter Umständen eine gewisse Kontrolle zurückgewinnen."

Die Erkenntnis der amerikanischen Wissenschaftler Whitson und Galinsky bestätigte 2015 ein Team um den niederländischen Sozialpsychologen Jan-Willem van Prooijen (*The influence of control on belief in conspiracy theories*). Verschwörungstheorien seien besonders für Menschen, die sich selbst machtlos und unbedeutend fühlen, ein Mittel, um ein unberechenbares und potenziell gefährliches Umfeld als berechenbarer zu erfahren: „Menschen müssen ja Zusammenhänge erkennen, um mit der Welt auf angemessene Weise zu interagieren, doch manchmal führt dies zu einem Erkennen von Ursachen und Wirkungen, wo es diese nicht gibt."

Ein einfaches Beispiel für die Fehlannahme von scheinbar unheilvollen Mustern: Wenn wir auf dem Weg zur Arbeit fünf auffallend roten Autos des gleichen Typs begegnen, dann können wir daraus schließen, dass es sich um ein populäres neues Sondermodell handelt. Oder aber dass wir von jemandem verfolgt werden. Van Prooijens Fazit: „Die Wahrnehmung von Scheinmustern ist ein zentraler kognitiver Bestandteil des Glaubens an Verschwörungstheorien und übernatürliche Phänomene."

Selbiges fand der Münsteraner Psychologe und Vorsitzende des GWUP-Wissenschaftsrats Prof. Wolfgang Hell heraus, als er den Unterschied zwischen „Schafen" (Menschen, die an übersinnliche Phänomene wie Hellsehen, Vorahnungen etc. glauben) und „Ziegen" (Menschen, die nicht daran glauben) erforschte. Weder Geschlecht, Bildung, soziale Bezugsgruppe noch andere Faktoren konstituierten einen nennenswerten Unterschied zwischen Para-Gläubigen und Skeptikern. Lediglich „der Umgang mit dem Zufall" unterscheide die beiden Gruppen. „Schafe" stellen zwischen banalen Zufällen des Alltags bedeutungsvolle Bezüge her. Und das schafft eine Kontrollillusion.

Der Glaube an das Paranormale und die Neigung zu Verschwörungstheorien haben mithin eines gemeinsam: Sie geben Trost durch ein Gefühl des Verstehens von an sich unkontrollierbaren Lebensereignissen, was auf eine niedrige Ambiguitätstoleranz (Unsicherheits- oder Ungewissheitstoleranz) schließen lässt. Der Zufall in seiner Sinnlosigkeit ist somit der natürliche Feind jedes Verschwörungstheoretikers, der lieber dunkle Mächte am Werk sieht als sich mit Sinnlosigkeit und Ungewissheit abzufinden.[25] Zudem neigen Verschwörungstheoretiker stärker zu heuristisch gestützten Entscheidungsverfahren und zu gelockerten Assoziationen. Ausgehend von einigen wenigen realen Elementen sowie vielen Ungereimtheiten und Lecks entsteht ein verstricktes Gedankenkonstrukt, in dem plötzlich eine Verschwörung aufscheint. Und wenn wir glauben, eine geheime Struktur gefunden zu haben, fühlen wir uns mächtiger. So betrachtet, erscheint der „geübte Konspirationstheoretiker", wie der Tübinger Medienwissenschaftler Bernhard Pörksen spöttelt, „ein Genie der Mustererkennung".

Selbstwirksamkeit

Bei seiner Analyse der Mentalität von Verschwörungstheoretikern stieß der zitierte Mainzer Psychologe Roland Imhoff auf eine scheinbare Dissonanz: „Allerdings hat das Bild des niedergeschlagenen, abgehängten Verschwörungstheoretikers auch Schwächen: Wenn Sie sich in Internetforen für diverse Verschwörungstheorien oder auf einschlägigen Montagsdemonstrationen umschauen, dann erleben Sie Menschen, die vor Energie für ihre Sache und vor Missionarseifer sprühen." Doch diese Beobachtung schwächt weder das bisher Gesagte noch steht sie im Widerspruch dazu, sondern fügt sich nahtlos ein in die psychische Verfasstheit von Verschwörungstheoretikern. Denn ein wichtiger Aspekt bei dem Versuch der Selbstaufwertung ist auch das Gefühl, aus der Opferrolle ausbrechen zu können.

Zwar liefert die bisherige Forschung Hinweise darauf, dass ein ausgeprägter Glaube an Verschwörungstheorien mit einer geringeren Bereitschaft zur politischen Partizipation in Zusammenhang steht. Verschwörungstheoretiker verharren angesichts der angeblichen Macht der Verschwörer in einer Art Passivität des resignierten Wissens. Sie sind davon überzeugt, keine Kontrolle über die politische Lage ausüben zu können (zum Beispiel durch Wahlbeteiligung oder aktive Unterstützung einer Partei), und sie verweigern tendenziell die Unterstützung für wichtige soziale Systeme wie etwa staatliche Einrichtungen und Akteure. Nichtsdestotrotz pflegen sie aktiv die Vorstellung, sie seien die Auserwählten der Weltrettung.

Diese Selbstanschauung äußert sich beispielsweise in Demos wie dem *Global March against Chemtrails and Geoengineering* (u.a. in Berlin) oder in selbst gemachten Internet-Memes mit Appellen wie „Krank melden, Arbeit niederlegen, System stoppen!" oder in Kommentarfluten überall dort, wo kritisch über Verschwörungstheorien berichtet wird. Besorgniserregend stechen in diesem Zusammenhang offene Gewaltaufrufe hervor, wie sie in Facebook-Gruppen vor allem von „Chemtrail"-Gläubigen gepostet werden:

Holt endlich diese Dreckschweine von Chemtrailflieger hinunter.

Darknet, Panzerfaust, Lenkraketen, Langwaffen – adäquate Mittel gegen Chemtrails.

Ich habe mir jetzt im Netz einen Laser bestellt, der 1,5 Kilometer Reichweite hat. Damit werde ich mal die Scheiß-Flugzeuge bissle ärgern. Habe gelesen, dass das gut funktioniert.

Man müsste mal so ein Ding runterholen. Ich bin nicht für Gewalt, aber was anderes hilft scheinbar nicht mehr. Wie sollen wir uns wehren?

Nachweislich wurden in den ersten sieben Monaten des Jahres 2017 in Deutschland 65 Mal Piloten mit Laserpointern geblendet. Das sind jedoch nur die Fälle, die bekannt sind, und nur deutsche Luftfahrtunternehmen sind verpflichtet, dem Luftfahrt-Bundesamt in Braunschweig Laserattacken auf Flugzeuge und Hubschrauber zu melden. Die *Frankfurter Allgemeine Zeitung* beziffert die Anzahl der Blendungen von Piloten auf 500 pro Jahr und beruft sich dabei auf die Flugsicherung. Wie viele dieser Laserpointer-Attacken auf das Konto der Chemtrail-Szene gehen, ist unbekannt. Die Aggressivität der zahlreichen Ankündigungen im Internet lässt jedenfalls Schlimmes befürchten.

Auch bei verschiedenen neuartigen Protestbewegungen wie zum Beispiel die „Mahnwachen für den Frieden" oder PEGIDA, die kopfgängige und schnell akzeptierte Populismen mit hohem Empörungspotenzial vor sich hertragen, sieht die Politologin Laura Luise Hammel von der Universität Tübingen eine große „Offenheit für verschwörungstheoretische Weltdeutungsmuster". Das Paradoxon, dass solche Initiativen zahlenmäßig und an Bedeutung zunehmen, sich aber gleichzeitig gegen politisches Engagement im eigentlichen Sinne wenden, löst sich auf, sobald man den substanziellen Effekt von Verschwörungstheorien einbezieht, die Selbstwirksamkeit von Verschwörungstheoretikern aufrechtzuerhalten.

Entlastung

„Der Kündigungsbrief flattert ins Haus, die Versicherung und die Miete erhöhen sich von einem Tag auf den anderen, sodass der gewohnte Lebensstandard kaum mehr zu halten ist, und in der Beziehung erreichen die Probleme einen kritischen Punkt […] Um abzuschalten und für einige Stunden alle Probleme vergessen zu können, dreht man den Fernseher auf, zappt sich durch die Kanäle. Die Nachrichten berichten von Kriegen, Erdbeben, Katastrophen aller Art, von Drogen- und Mafiabossen, von der ausufernden Korruption in der Politik, von Affären und Skandalen, von einer Verflechtung der Mächtigen in dunkle Geschäfte […] Denkschablonen drängen sich auf, die das scheinbar Unzusammenhängende miteinander in Beziehung setzen. Und plötzlich ist es einem klar: Nicht man selbst ist schuld an seinem Schicksal – nein, das Unglück ist fremdbestimmt."

Was die Autoren Eduard Gugenberger, Franko Petri und Roman Schweidlenka in ihrem Buch *Weltverschwörungstheorien* beschreiben, trifft so ähnlich auch auf unseren Herrn Mustermann zu. Verschwörungstheoretiker werden nicht selten von der existenziellen Kernfrage „Why do bad things happen to good people?" (Dieter Groh) geleitet: Warum geht es den Bösen so gut und mir so schlecht? Solches Unbehagen generiert dann Anschlussmöglichkeiten für scheinerklärende „Theorien", die Schuldige für diejenigen Ereignisse und Entwicklungen benennen, an denen man sich stört oder unter denen man leidet. Und die enorm entlasten, auch von der Mühsal, politisch auf dem Laufenden zu sein und differenziert zu denken. Mal bleibt die Frage nach den konkret Verantwortlichen dabei offen, mal werden eingebildete (Illuminaten, Hexen) oder real existierende (Freimaurer, Bilderberger) Sündenböcke und Feindbilder konstruiert – im schlechtesten Fall mit einer mörderischen Dynamik („die Juden").

Für Herrn Mustermann ist die Chemtrail-Verschwörungstheorie ein Mittel zur sogenannten Kontingenzbewältigung – also eine Strategie, um die Welt berechenbarer zu machen und schicksalhafte Ereignisse zu verarbeiten. Ein anderes probates Mittel zur Kontingenzbewältigung ist die Religion. An die Stelle von Teufeln, Dämonen oder „dem Bösen" treten in der Verschwörungstheorie „geheime Mächte". Die

Suche nach diesen Drahtziehern im Hintergrund kann ihren Ausgang von persönlichen Krisenerfahrungen ebenso nehmen wie von Naturkatastrophen, Terroranschlägen, Flugzeugabstürzen. „So wird aus der grausamen Laune der Natur in Form eines Tsunami fast zwangsläufig eine Flutwelle, die durch unterirdische Atombombenversuche ausgelöst worden sein soll“, schreibt der Schweizer Historiker und Soziologe Christian Ruch. Oder, sehr nah an unserem Herrn Mustermann: „Nicht mehr mein komplizierter Alltag, bestehend aus Eheschwierigkeiten, Problemen mit den Kindern, Stress im Büro und Rückenschmerzen ist schuld an meinem permanenten Unwohlsein, sondern die Mobilfunk-Antenne auf dem Dach gegenüber.“

Entfremdung, Machtlosigkeit, Isolation

So weit, so normal. Jedenfalls ist an diesen psychologischen Grundmechanismen nichts Irrationales oder Pathologisches. Solche Zuschreibungen führen offenbar nicht weiter. Die Suche nach den Persönlichkeitseigenschaften typischer Verschwörungstheoretiker hat bislang nichts Greifbares zutage gefördert, was auf „Spinner“ (im Sinne eines psychiatrischen Wahns) oder Paranoiker schließen lässt. Es ist zwar nicht schwierig, in einschlägigen Facebook-Gruppen verschrobene Kommentare zu finden, die auf psychische Probleme des Erstellers hindeuten. Auch Michael Butter erzählt von dem Brief eines Mannes, in dem dieser sich wünschte, mal mit ihm über seine Theorie zu diskutieren. Er könne aber leider seine Wohnung nicht verlassen, weil Strahlenpistolen auf ihn gerichtet seien. Aber solche Postings scheinen zumindest nicht typisch für das Gesamtphänomen zu sein.

Marius Raab, Claus-Christian Carbon und Claudia Muth von der Universität Bamberg konnten aus der Studienlage nur „diese eine“ empirisch belegte und psychologisch begründete Aussage über Frauen und Männer, die an Verschwörungstheorien glauben, extrahieren: „Es sind ganz normale Menschen, mit einer Tendenz zu dem Gefühl, von der gesellschaftlichen und politischen Teilhabe ausgeschlossen zu sein." Die maßgebliche Emotion in diesem Zusammenhang ist „Entfremdung" – definiert als die Empfindung von Machtlosigkeit und Isolation. „Solche Menschen würden die Aussage *Den meisten Menschen kann man vertrauen* stark ablehnen. Die Aussage *Menschen wie ich haben wenig Einfluss auf politische Entscheidungen* würde dagegen auf starke Zustimmung stoßen." Verwandt mit dem Gefühl der Entfremdung sei ein Misstrauen gegenüber Staat und Medien. Ähnliche Resultate erbrachte eine Online-Befragung unter Studierenden, die vom Lehrbereich für empirische Sozialforschung des Instituts für Sozialwissenschaften der Berliner Humboldt-Universität durchgeführt wurde. Menschen mit niedriger Demokratiezufriedenheit und hoher Politikverdrossenheit wiesen dabei einen signifikant höheren Glauben an Verschwörungstheorien auf.

Eine Verschwörungstheorie führt zur nächsten

Wie aber geht es nun mit unserem Herrn Mustermann weiter? Jan Oude-Aost schrieb seine Geschichte folgendermaßen fort:

Nachdem alle seine Briefe und sein Engagement bei *Sauberer Himmel* nichts gebracht haben, empfiehlt jemand Herrn Mustermann einen Heilpraktiker. Der soll sich auf die Behandlung von Chemtrail-Erkrankungen spezialisiert haben. Herr Mustermann ist skeptisch, weil er bisher immer zum „Schulmediziner" gegangen ist. Er denkt, Heilpraktiker sind was für Körnerfresser und Hippies. Sein Hausarzt hatte ihm jedoch nicht helfen können und wollte ihn zum „Psychologen" schicken. Als sei er verrückt. Und seit er sich über den Impfwahnsinn informiert hat, weiß er, dass er neue Wege gehen muss. Er macht einen Termin.

Der Heilpraktiker erklärt ihm, dass er durch die Chemtrails vergiftet ist und er ihn homöopathisch entgiften wird. Dabei wird der Körper durch einen leichten Impuls zur Entwicklung eines Gegenimpulses zu den Giften angeregt. Da es sich um viele Gifte handelt, wird die Behandlung eine Weile dauern. Das ist der Preis, wenn man nicht nur die Symptome bekämpft, sondern ganzheitlich die Ursache, so der Heilpraktiker. Außerdem gibt es einen Tee zur Detoxifizierung und den Hinweis, während der homöopathischen Behandlung möglichst auf Alkohol zu verzichten. Da die Vergiftung bereits chronisch ist, wird es einige Zeit brauchen, um die Informationen des Giftes komplett aus dem Körper zu bekommen. Die stärkste Wirkung wird jedoch am Anfang erwartet. Der feinstofflich energetische Teil dauert länger.

Herr Mustermann nimmt seine Globuli, seinen Tee sowie einen Plan zur Einnahme mit nach Hause. Die Erstverschlimmerung, auf die er ebenfalls hingewiesen wurde, lässt nicht lange auf sich warten: Durchfall, Herzrasen, Schwitzen, Unruhe und Schlafprobleme treten in den nächsten Tagen auf, nach nur wenigen Globulieinnahmen. Das muss der Gegenimpuls sein, der das Gift aus dem Körper treibt. Nach wenigen Tagen ist das aber vorbei. Herr Mustermann hält sich an den Plan, nimmt die Globuli zu den festen Zeiten ein und achtet auf den richtigen Abstand zu den Mahlzeiten. Den Tee trinkt er und abends liest er in den vielen Büchern, die ihm empfohlen wurden. Dieser Kopp-Verlag veröffentlicht wirklich einen Augenöffner nach dem anderen. Es dauert nicht lange und Herr Mustermann fühlt sich besser, vitaler, frischer, energiegeladen. Gesund!

Tatsächlich führt eine Verschwörungstheorie schnell zur nächsten. Auch das ist wissenschaftlich erwiesen und wird von Szene-Aussteigern wie der Ex-Chemtrail-Gläubigen Stephanie Wittschier bestätigt: Der Glauben an die erste Verschwörungstheorie entwickelte einen Flow, an dessen Ende nichts mehr unmöglich erschien. „Der Beginn war 9/11, dann kamen die Chemtrails, von da kommt man zu HAARP." Psychologen sind zu der Einschätzung gelangt, dass der Glaube an einzelne Verschwörungstheorien nicht unabhängig voneinander zu betrachten ist. Menschen unterscheiden sich darin, wie sehr sie generell an Verschwörungstheorien glauben, losgelöst von der konkreten Verschwörungstheorie. Bei Herrn Mustermann führt der Weg von Chemtrails über die Impfgegner zur Ablehnung der evidenzbasierten Medizin.

„Und da ist das nächste irrationale Glaubenssystem, dem Herr Mustermann anhängt", arbeitete Oude-Aost in seiner Analyse heraus. Früher hätte man Herrn Mustermann mit Globuli nicht kommen müssen. Jetzt haben sie aber gegen Chemtrails geholfen. In Zukunft werden sie auch bei anderen Erkrankungen eine Option für ihn sein. Skeptiker werden Herrn Mustermanns Reaktion schnell mit Placebo-Effekten erklären. Herr Mustermann hat nicht nur Globuli bekommen, sondern auch Hinweise zur Lebensführung. Viele Menschen mit problematischem Alkoholkonsum sind sich dessen nicht bewusst. Erst wenn sie die Folgen im Alltag oder in ihrer Beziehung zu spüren bekommen, tritt ein Problembewusstsein auf. Herr Mustermann hat, ohne es zu wissen, einen Alkoholentzug gemacht. Er hat einen regelmäßigen Tagesablauf eingehalten und sich mit Dingen beschäftigt, die er als sinnvoll empfand. Alles Dinge, von denen viele Menschen gesundheitlich profitieren. Gerade Menschen mit psychosomatischen Beschwerden, so wie Herr Mustermann.

Der schreibt die Besserung seines Zustandes jedoch den Globuli zu. Und ihm bleibt wenig anderes übrig. Denn ihm ging es wegen der Chemtrails schlecht. Dagegen können Alkoholabstinenz und regelmäßiger Tagesablauf nicht helfen. Dagegen helfen Medikamente (oder was man dafür hält)! Die Globuli bieten eine Möglichkeit, mit dem Problem der Chemtrails umzugehen. Immer mehr Säulen seiner Identität bestehen aus irrationalen Annahmen, und der Preis für Herrn Mustermann, eine davon aufzugeben, wird immer höher. Erinnern wir uns: Er zeigt Symptome einer psychosomatischen Erkrankung, etwas, was viele Menschen, vor allem männliche Menschen als „eingebildet“ abqualifizieren und sagen: „Ich bin doch nicht verrückt“. Die Frage nach Homöopathie und Chemtrails wird damit zu einer Frage der Identität von Herrn Mustermann.

Verschwörungstheorien als Identitätsstütze

Und das ist der entscheidende Punkt, der zugleich die Aufklärung über Verschwörungstheorien so schwierig macht. Die meisten Verschwörungstheoretiker dürften psychisch gesund sein. Die Neigung zu Verschwörungstheorien hängt auch nicht mit den fünf Hauptdimensionen der Persönlichkeit zusammen, den sogenannten Big Five (Offenheit, Gewissenhaftigkeit, Geselligkeit, Verträglichkeit, Neurotizismus). Aber wenn Verschwörungstheoretiker erst einmal an ihre Theorien glauben, werden diese Überzeugungen von überaus wirksamen psychologischen Abwehrmechanismen gegen jede Infragestellung verteidigt, da sie relevant für das Selbstbild geworden sind. Mit anderen Worten: Verschwörungstheoretiker beziehen daraus einen Teil ihrer sozialen Identität. Wir werden im letzten Kapitel dieses Buches darauf zurückkommen.

Die Frage, ob Verschwörungstheoretiker krank sind, ist vergleichsweise gut erforscht und wird von Fachleuten überwiegend verneint. Noch keine Beachtung hat bislang die Problematik gefunden, ob Verschwörungstheoretiker krank *werden* beziehungsweise ob der Glaube an Verschwörungstheorien womöglich krankmachen kann – auch wenn unser Herr Mustermann sich mit ihrer Hilfe „Gesundheit“ herbeiimaginiert. Wissenschaftliche Arbeiten dazu sind dem Autor nicht bekannt.

Verschwörungstheorien schüren Ängste

Die Szene-Aussteigerin Stephanie Wittschier berichtete der *FAZ* gegenüber von einem „hohen Leidensdruck“, dem sie während ihrer aktiven Zeit bei den Chemtrail-Gläubigen ausgesetzt gewesen sei. Sie klickte sich von Kritik am Saatgutkonzern Monsanto auf Seiten, in denen über genmanipuliertes Gift im Essen spekuliert wurde. Aspartam, Hefeextrakte, Konservierungsstoffe galten ihr bald als tödlich, sie räumte die Vorratskammer leer, schmiss alles in den Müll. Während sie sich diversen Verschwörungen bis dahin nur auf der Straße ausgeliefert gefühlt hatte, begleitete die Angst sie jetzt bis nach Hause. Die Folgen: Panikattacken und Selbstmordgedanken. Heute weiß Wittschier: „Die Szene macht einen psychisch krank.“ Denn nicht wenige dort nähmen ihre von außen oft belächelten Ängste todernst: „Irgendwann liest du auch Sachen, da denkst du: Ist das euer Ernst? Kommentare von Verschwörungsideologen, die am liebsten sterben möchten, weil sie alles nicht mehr aushalten. Ankündigungen von Selbstmorden. Es gab sogar schon einen Aufruf eines Verschwörungsideologen auf seiner Pinnwand an die Illuminaten, dass sie ihn doch endlich umbringen sollen.“

Die Gründerin der Aufklärungsinitiative *Der goldene Aluhut*, Giulia Silberberger, antwortet auf die Frage, wieso Leute an Verschwörungstheorien glauben, mit einem Zitat von Friedrich Nietzsche: „Wer allein hat Gründe, sich wegzulügen aus der Wirklichkeit? Wer an ihr leidet.“ Medienwissenschaftler Pörksen sieht bei Verschwörungstheoretikern eine „generelle Tendenz der Verbiesterung und der Freudlosigkeit“. Zahlreiche Einzelbeispiele finden sich ohne großen Suchaufwand in Online-Communities wie *Globale Vergiftung durch Chemtrails & HAARP*, etwa:

Ich erwache jeden Tag mehr, wenn ich in den Himmel schaue! Ja, und ich stecke gerne jeden mit meiner Verfolgungsangst an!

Ich halte das langsam nicht mehr aus. Heute wieder mal echt schlimm. Bereits nachmittags um 14.30 Uhr neblig, überall grauer Dunst, fast so gut wie dunkel. Ich komme mir vor wie in dem Film „Nebel des Grauens". Echt, ich mag nicht mehr!!

Eine andere junge Frau teilte bei Chemtrailern ein vielfach positiv bewertetes und mit lachenden Emojis versehenes Kunstfoto, das eine zauberhafte Winterlandschaft zeigte – allerdings mit dicht bewölktem Himmel. In der Lesart der Verschwörungstheoretiker verbergen sich dahinter todbringende Chemtrails. Der Kommentar des Gruppenmitglieds zu ihrem eigenen Posting fiel indes selbstkritisch-resigniert aus: „Ich möchte mich auch so unbefangen freuen. Wahrscheinlich sind wir wirklich bekloppt."

●●● **Fazit:** Es gibt keine „Verschwörungspersönlichkeit". Menschen, die an Verschwörungstheorien glauben, sind in aller Regel geistig völlig gesund, ihr psychologisches Profil weist keine Besonderheiten auf. Psychiatrisierungsversuche im Umgang mit Verschwörungstheoretikern sollte man unterlassen. Hinter den Denkmustern von Verschwörungstheoretikern stecken kognitive Prozesse, die prinzipiell jedem Menschen zu eigen sind, bei Verschwörungsgläubigen aber partiell stärker ausgeprägt zu sein scheinen. Das triggernde Gefühl dahinter ist eine Erlebnissituation der Machtlosigkeit und Entfremdung gegenüber politischen und gesellschaftlichen Prozessen. Für diese Menschen sind Verschwörungstheorien eine Möglichkeit, mit der überbordenden Komplexität der Welt und den alltäglichen Überforderungen fertigzuwerden.

Allerdings sind einfache Denkmuster unter den komplexen Bedingungen des modernen Lebens keine erfolgversprechende Strategie. Simple Wahrheiten unter Umgehung der Strapazen einer gründlichen Abwägung können zu persönlichen und gesellschaftlichen

Folgeschäden führen, etwa zu individuellem Zwangsverhalten und kollektiver Hysterie. Denn Verschwörungstheoretiker tun sich schwer damit, ihre Verschwörungsszenarien zu begrenzen und spinnen ihre schlichten mentalen Deutungsmuster immer weiter. ●●●●●●●●●●

Verschwörungstheorien haben auch positive Aspekte

●●● Behauptung: Manche Forscher sagen, dass Verschwörungstheorien sogar einen positiven Einfluss haben können, weil das ständige Hinterfragen einer offiziellen Version die Regierung zu mehr Transparenz zwingt. ●●●

So stand es in einem Interview des Berliner *Tagesspiegel* mit dem Psychologen Viren Swami von der Londoner University of Westminster zu lesen, das von Verschwörungstheoretikern gerne zitiert wird. Allerdings führte Swami nicht weiter aus, wer diese Forscher sind, noch bei welchen Ereignissen Verschwörungstheoretiker für mehr Transparenz gesorgt hätten.

Fragen wir also ganz konkret nach: Was hat zum Beispiel die 9/11 Truth Movement zur Aufklärung der Ereignisse vom 11. September 2001 beigetragen? Diese globale, aber dezentral organisierte „Wahrheitsbewegung" formierte sich praktisch noch am Tag der Anschläge und vertritt die Auffassung, dass 9/11 von US-Geheimdiensten zugelassen oder sogar angezettelt wurde. Der Schweizer Internet-Blog *Schall und Rauch*, der der Truther-Szene zugerechnet wird, formulierte 2007 diese Vorgabe:

Wir müssen darauf hinarbeiten, dass die Menschen den offiziellen Ablauf nicht glauben und der Druck aus der Öffentlichkeit so groß wird, dass es eine neue, von unabhängigen Experten durchgeführte Untersuchung der Ereignisse gibt.

Das Ziel der 9/11-Truther ist es, die ganze Geschichte neu aufzurollen und heraus zu finden was wirklich passiert ist. Mehr nicht. Was immer das Resultat ist, wir wollen einfach die Wahrheit hören.

Wirklich? Einer der bekanntesten Truther-Aktivisten, der Amerikaner Charlie Veitch, kehrte 2011 der Bewegung den Rücken. Nach seinem Ausstieg erklärte er: „Es ist schmerzhaft, erwachsen zu werden und eine Sektengemeinschaft zu verlassen. Und es ist eine Sekte. Sie nennen sich Wahrheitssucher, um dich zu täuschen. Ich nenne sie heute Lügner und Gehirnwäscher. Das ist die Wahrheit, wie die Wahrheitsbewegung es verdient, genannt zu werden." Auch Journalisten von *Zeit*, *Süddeutscher Zeitung* und dem Online-Magazin *Die Tiefe* fanden bei ihren Recherchen in der Szene „mehr Gefühl als eine Position; das Gefühl, angelogen zu werden und dem Lauf der Weltgeschichte entgegenzustehen".[26] Bei den Truthern handele es sich um eine diffuse, von niemandem gesteuerte Subkultur, die in kleinen Gruppen von Gleichgesinnten agiert, welche sich in der Weite des World Wide Web in Zirkelschlüssen wechselseitig bestätigt, und deren selektive Wahrnehmung durch politische Ideen (generelle Kritik an Mächtigen oder konkret am US-Imperialismus) bestimmt wird.

Die deutsche Truther-Webseite *Recentr* erklärte im September 2016 die „Wahrheitsbewegung" für mehr oder weniger gescheitert. Als Gründe nannte das Portal unter anderem die Infiltration durch „zu viele Spinner und Leichtgläubige", aber auch die mangelnde intellektuelle, methodische und wirtschaftliche Basis:

Man kann einen Mitmenschen noch so sehr zumüllen mit 9/11-Aufklärungsfilmen und Internet-Links, es fehlt letzten Endes an breiterer Bildung in politischen, militärischen und geschichtlichen Belangen. Es wäre wohl effektiver gewesen, seinen Mitmenschen eine breitere Auswahl an Literatur nahezulegen, als das immergleiche 9/11-Material. Wer erst

einmal begriffen hat, was alles schon an geschichtlichen Vorgängen bestätigt ist, der kann sich anschließend aktuellen, ungeklärten Fällen widmen [ ]
Das Internet war gleichzeitig die Superwaffe und der Strick der 9/11-Bewegung, an dem sie sich selbst aufhängte. Qualitativer Journalismus kostet Zeit und jede Menge Geld. Dummerweise sahen sich die allerwenigsten „Truther" dazu genötigt, zu bezahlen und zu spenden. Wie viele qualitative 9/11-Webseiten oder Radiosendungen oder verwandte Projekte konnten sich seit 2001 gewinnbringend etablieren in Deutschland? Praktisch keine. Ein Armutszeugnis. Es gibt keine Nachwuchsförderung, keine Ausbildungsmöglichkeiten, nichts. Im Gegenteil, man landet in einem dicken Minus und darf sich noch Kritik anhören, dass man doch „wegen der Sache und nicht wegen dem Geld" Journalist sein solle.

Offenkundig jedoch dienen *Recentr* die Forderungen nach „breiterer Bildung", „Ausbildungsmöglichkeiten" etc. lediglich dazu, um eine private Wirklichkeit geschmeidiger unters Volks bringen zu können – nicht aber, um Isolation zu überwinden und vor die frei flottierenden 9/11-Deutungen innerhalb der Szene einen Glaubwürdigkeits- und Realitätsfilter zu setzen. Insofern belegt diese Selbstanalyse ein typisches Schema des Verschwörungsdenkens, das Daniel Pipes herausgearbeitet hat (siehe S. 81): Normale Theorien leiten aus der Tatsache, dass kein Fundament für ihre Behauptungen zu finden ist, ab, dass die Theorie falsch ist und aufgegeben werden muss. Verschwörungstheoretiker dagegen zweifeln zwar pauschal an der „offiziellen Version", aber nie an sich selbst und ihren Patchwork-Wahrheiten, weil sie doch ganz genau wissen, wer die wahren Drahtzieher sind und was wirklich gespielt wird. So erklären die Truther den Zerfall ihrer Bewegung, der sich zeitlich mit dem Aufstieg von Barack Obama zum US-Präsidenten vollzog, einfach mit einer weiteren Verschwörungstheorie: Wieso wurde die Sache unter der neuen Regierung nicht noch einmal völlig neu aufgerollt? Die Strippenzieher hinter 9/11 hätten Obama installiert, um zu verhindern, dass die Wahrheit endgültig ans Licht kommt.

Eine utopische Dimension?

Nicht verwunderlich also, dass es trotz der rührigen Truther-Szene immer noch keine tragfähigen Belege für einen Inside-Job oder eine großangelegte Verschwörung gibt. Mehr noch: Die Popularität unbewiesener, teils abenteuerlicher Theorien erleichtert es Gegnern, auch andere kritische Stimmen als „Spinner" abzutun. Verschwörungstheorien bewirken somit genau das Gegenteil von dem, was Truther damit erreichen wollten (vgl. S. 39). Sie führen letztendlich dazu, dass berechtigte Kritik an Regierungen delegitimiert wird, ist Michael Butter überzeugt: „Im Zusammenhang mit 9/11 etwa gibt es einen ganzen Strauß an politischen Handlungen der US-Regierung, die man durchaus kritisieren kann und soll, allen voran die Instrumentalisierung des Anschlags, um politische Ziele voranzutreiben und eine Agenda durchzusetzen. Mit Verschwörungstheorien wie derjenigen, dass 9/11 ein Inside-Job war, untergräbt man aber diese legitime Kritik."

Allenfalls eine „utopische Dimension" billigt Butter Verschwörungstheorien zu, da sie die theoretische Chance zur Veränderung bieten: „Denn wenn für historische Transformationen nicht Zufälle oder systemische Zwänge, sondern der Wille einer Gruppe von Individuen verantwortlich ist, dann sind diese Veränderungen auch umkehrbar. Die Verschwörung muss dafür lediglich enttarnt und besiegt werden." Für den Tübinger Kulturhistoriker ist das „sympathischer als eine rein fatalistische Haltung". Andererseits, räumt Butter ein, gäbe es konstruktivere Möglichkeiten, diese Energie in politisches Engagement umzusetzen.

Fatalismus statt Optimismus

In der Tat bietet Butters These, wonach Verschwörungstheoretiker „die wahren Optimisten“ seien, einigen Anlass zum Widerspruch: Die Hoffnung von Verschwörungstheoretikern auf einen Sturz der Gegenmächte erschöpft sich in der Praxis überwiegend in genau jener „fatalistischen Haltung“, die Butter eigentlich als Kontrast zu ihrem angeblich optimistischen Furor anführt. Einige Kommentare aus Chemtrail-Gruppen:

Wäre ein Wunder, wenn die Menschheit noch 100 Jahre überleben wird unter diesen Umständen. Gute Nacht!

Ich kann das langsam nervlich nicht mehr. Bin so aggressiv dadurch. Ey, ich hab einfach keine Energie für gar nichts. Könnte die ganze Zeit nur schlafen und vegetieren. Und wenn ich Leute darauf anspreche, kommt nur „It's normal“. Ich verstehe echt nicht, wie man so blind sein kann.

Selbst wenn wir es geschafft haben, uns vor einigen Dingen zu schützen, schmeißen die neue Chemikalien, Medikamente, Nahrung, Methoden, Reformen, gar Gesetzesänderungen in die Gesellschaft. Sie führen Krieg gegen die Bevölkerung, und das mit allen Mitteln.

Ich glaube, dass viele Menschen wie ein Computer programmiert sind. Ob sie einen eigenen und freien Willen haben, ist ein großes Fragezeichen für mich.

Wir drehen uns hier im Kreis, während immer mehr und mehr Gift in unserer Atmosphäre landet und wir schleichend unserer Lebensgrundlage beraubt werden. Die Gruppe und der Widerstand sind m.E. tot.

So, hab genug von der Gruppe. Ihr postet wie die Irren, was alle schon seit Jahren wissen. Aber euren Hintern kriegt ihr genauso wenig hoch wie andere Gruppen.

Wirkungslose Ersatzhandlungen

Das „Engagement" von Verschwörungstheoretikern jenseits des „Postens wie die Irren" am heimischen Rechner kommt meist nicht über wirkungslose Ersatzhandlungen hinaus. Darauf haben wir auf Seite 97 schon hingewiesen. An dieser Stelle noch einige Originalzitate dazu:

Wir kleinen Leute können aufklären, teilen, Flyer verteilen, mit Aufklebern rumfahren, Demos. Aber das reicht doch nicht? Wie lange werden wir das überleben?

Keine Kredite aufnehmen, keine Versicherungen abschließen, gesamtes Geld von den Banken abheben, Boykott von sportlichen Ereignissen, Boykott der Wahlen, Massenmedien boykottieren, Aspartam-Produkte meiden, Jodsalz meiden, Tauschgeschäfte vorantreiben, lediglich alternative Medien konsumieren.

Gebet zur Vertreibung von Chemtrails. Bitte um Beseitigung der dunklen Wolken, der Hinterlassenschaft der Materialisten und Satanisten: „Ich, Sohn/Tochter der großen Weltenseele, Kind Gottes, Teil der universalen Weltintelligenz, Strahl der universellen Lichtkraft, trage hier und jetzt dazu bei, diese Wolken zu verdrängen! Das Licht der Sonne mögen scheinen, der Himmel in seinem strahlenden, herzerfüllenden Blau erscheinen, wie Gott ihn geschaffen hat. So soll es sein, jetzt! Es wirke die Macht der Wahrheit, der Liebe und des universellen Friedens."

Wie wäre es, wenn wir eine Aktion ins Leben rufen, wo wir immer dann mit Kerzen rausgehen und uns zusammenfinden, wenn die wieder ihre extremen Verdunkelungsaktionen gefahren haben? Symbolisch sozusagen, dass wir dann das Licht ins Dunkel tragen. Oder Grablichter aufstellen mit einer Nachricht dazu. Wenn ihr uns die Sonne nehmt, leuchten wir umso heller. Irgendwie sowas.

Selbst die Veranstalter des jährlichen *Global MARCH Against Chemtrails and Geoengineering* resignieren. Nachdem sich im April 2016 gerade mal „150 bis 200 Leute" nach Berlin verirrt hatten (lokale Medien schrieben von rund 80), klagten die GMACG-Organisatoren auf ihrer Facebook-Seite:

Wir als Organisatoren und Sprecher fragen uns unter dem Strich allmählich, für wen oder was wir uns eigentlich so sehr bemühen, da es, wenn es darauf ankommt, nur sehr wenige zu interessieren scheint, ob konkret etwas unternommen wird gegen die längst laufenden Climate Engineering-Programme. Die Lethargie scheint weitaus mehr Gewicht zu haben als die Aktivität. Die offensichtliche Gleichgültigkeit von Seiten der ansonsten täglich jammernden und ächzenden Chemtrail-Gebeutelten („kann kaum noch atmen") gegenüber konkreten, handfesten Aktionen, geht uns, als Sprechern und/oder Organisatoren, zunehmend auf die Nerven. Wir sind nicht länger bereit, uns einen Ast abzuarbeiten, damit am Ende alle schön gemütlich zuhause auf der Couch sitzen bleiben. JA! Wir sind SAUER!! Wir legen uns so sehr ins Zeug – und was ist?? So gut wie NICHTS!

Seitdem hat in Deutschland keine GMACG-Demo mehr stattgefunden.

Selbstermächtigung zur Gewalt

Im Extremfall kann diese gefühlte Hilflosigkeit jedoch geradewegs in die ideologische Selbstermächtigung zur Gewalt führen – bislang glücklicherweise vorwiegend verbal. Über verschiedene Aufrufe in der Chemtrail-Szene, Flugzeuge mit starken Laserpointern „vom Himmel zu holen“, haben wir auf Seite 98 schon geschrieben. Darüber hinaus stechen auch solche Postings heraus:

Politiker sind, bis auf wenige Ausnahmen, absoluter, mitunter geisteskranker Abschaum. Psychopathen vor dem Herrn. Dieses gewissenlose Gesocks ist die allerletzte Instanz für die Rettung unserer Mutter Erde, eher und ganz deutlich das Gegenteil. Wir müssen uns daher verstärkt und unmissverständlich darüber im Klaren werden, dass wir reGIERt werden von monströsen Bestien, von völlig Kranken, Verblendeten und Irren. Dieses Psychopathenpack wird nichts Sinnvolles für unsere Zukunft gestalten, eher das Gegenteil. Sie sind krank!!!!!!!!

By the way, was wir nie vergessen dürfen: Diese entmenschlichten Planetenzerstörer haben Namen und Adressen !

Ich meine, dass es Zeit ist, einen rebellischen Untergrund in Betracht zu ziehen. Dass dieser dann bestimmte Operationen vornimmt, z.B. Anlagen in Schutt und Asche zu legen. Ich denke nicht, dass wir noch sonderlich viel Zeit haben, uns zu wehren.

Nur mit netten Worten können wir diese Mörder nicht stoppen.

Auch solche Verschwörungstheorien, die nach Butter „derart abstrus [sind], dass man fast schon schmunzeln muss“,[27] konstruieren mitunter eine Art Kriegs- und Ausnahmesituation, die unbedingte Gegenwehr rechtfertigt. Sogar manchem

Experten gilt etwa die Reptiloiden-Weltverschwörungstheorie als eher amüsante Abart des konspirologischen Denkens. Demnach sind die mächtigsten Politiker der Erde und andere einflussreiche Persönlichkeiten in Wirklichkeit Echsenwesen, die durch Kreuzung von Menschen im alten Babylon mit außerirdischen reptilienartigen Rassen entstanden sind.

Ziel der Reptiloiden-Verschwörung sei die Errichtung einer neuen Weltordnung. Als „Beweis“ dienen Fotos und Filme von Prominenten mit Verhornungsstörungen der Haut, scheinbar echsenhaft verzerrten Gesichtszügen oder „Reptilienaugen“, zum Beispiel ein *Tagesschau*-Interview vom 1. Juni 2016 mit Angela Merkel bei der Eröffnung des Gotthard-Tunnels. Tatsächlich handelt es sich dabei um Bildartefakte, die auf Übertragungsfehler bei komprimierten Foto- und Videoformaten, Lichtreflexionen etc. zurückgehen. Doch von nahem betrachtet hat auch diese hauptsächlich von dem Engländer David Icke geprägte Verschwörungstheorie nichts Komisches. Die Absicht dahinter besteht in der systematischen Dehumanisierung vermeintlicher Gegner. Denn gegen nichtmenschliche, reptilienähnliche Kreaturen ist jedes Mittel erlaubt. Dass diese Botschaft genau so verstanden wird, lässt sich bei der Beobachtung von geschlossenen Online-Communities leicht belegen, zum Beispiel:

Wir müssen langsam in Betracht ziehen, dass wir es mit einer anderen Spezies zu tun haben! Seht euch mal die Augen von diesem Typen an oder die des Nestlé-Vorstandsvorsitzenden, und dann betrachtet ihre Aussagen und Handlungen. So empathielos und gemeingefährlich kann man, meiner Meinung nach, nur handeln, wenn einem Menschen völlig am Arsch vorbeigehen.

Ziel der NWO: ein totalitärer Staat mit der Vereinigung aller Nationen und Religionen zum Islam unter nur einer Regierung – Queen, Vatikan, NATO, Satan!!! Bei dieser Art von „Menschen“ handelt es sich um multidimensionale Wesen, bestehend aus einer Kreuzung von reptiloiden und menschlichen Verbindungen aus der dritten (unsere) und vierten (dämonischen) Dimension. Diese Wesen haben keine Seele wie wir Menschen, unterliegen deshalb nicht der Resonanz und sind also als Wesen unsterblich. Ihr überwiegender reptiloider Anteil macht sie durchwegs zu mörderischen und kaltherzigen pädophilen Bestien. Solche bestialisch kaltherzigen Halbmenschen findet man in höheren Rängen der Königshäuser, Politik, in der Konzern- und Medienbranche, Film- und Musikbranche (Schauspieler, Musikstars) sowie in diversen höheren Anstellungen und den allgemeinen staatlichen Einrichtungen.

Ich kann mir nicht vorstellen, dass wir es hier mit Menschen zu tun haben. Diejenigen, die an der Spitze der Machtpyramide stehen, sprich die Auftraggeber, halte ich für eine empathiebefreite, nicht irdische Spezies. Keine Ahnung, was sie sind, aber zumindest keine Menschen. Es ergibt aus menschlicher Sicht einfach keinen Sinn, was sie hier anrichten.

Verloren für das Ringen um eine bessere Welt

Echtes politisches, soziales und gesellschaftliches Engagement hingegen wird durch Verschwörungstheorien unterminiert. Das weiß natürlich auch Professor Butter: „Wer das Gefühl hat, er wird von den Volksvertretern und der Elite angelogen, der klinkt sich irgendwann aus dem demokratischen Prozess aus. Oder er stimmt für eine populistische Alternative, die sich als die einzig wahre Stimme des Volkes präsentiert." Dieser Effekt ließ sich beispielweise nach Oliver Stones *JFK – Tatort Dallas* von 1991 beobachten. Der durch das „Stanford-Prison-Experiment" bekannt gewordene US-Psychologe Philipp Zimbardo befragte Kinogänger vor und nach dem Film zu ihren politischen Einstellungen und Überzeugungen. Am Ende der Vorführung hielten die Zuschauer eine Verschwörung zur Ermordung Kennedys für wahrscheinlicher. Zugleich fühlten sie sich hoffnungsloser und verärgerter als zuvor. Ihre Bereitschaft, zur Wahl zu gehen, war ebenso gesunken wie die, sich politisch zu engagieren.

Die Sozialpsychologin Karen Douglas von der University of Kent stellte in verschiedenen Studien fest, dass Verschwörungstheorien einen „negative social impact" haben. Douglas konfrontierte eine Reihe von Versuchspersonen mit konspirologischem Gewisper zu Themen wie Impfungen, Klimawandel sowie dem Unfalltod von Prinzessin Diana. In der Folge gingen bei den Probanden die Impfbereitschaft ebenso zurück wie deren Einsatz für die persönliche CO_2-Bilanz und politisches Engagement im Allgemeinen.[28]

Auch Forscher der University of Queensland in Australien fanden 2018 heraus, dass Menschen, die an Verschwörungstheorien über 9/11 oder eine „geheime Weltregierung" glauben, Impfungen ablehnend gegenüberstehen, weil sie dahinter ein Komplott der Pharmaindustrie vermuten. In Deutschland gelten 10,5 Prozent der Bevölkerung als impfkritisch oder Impfverweigerer. Manche Infektionskrankheiten wie die Masern zum Beispiel könnte man ausrotten, wenn mehr als 95 Prozent der Bevölkerung geimpft wären. Hierzulande erhalten nur knapp 93 Prozent die notwendigen zwei Masernimpfungen. Zu wenige, stattdessen gibt es immer neue Ausbrüche. Spätfolgen von Masererkrankungen wie SSPE (chronische Gehirnentzündung) kosteten seit 2007 rund 300 Menschen in Deutschland das Leben. Und auch Impfgegner sind anfällig für Radikalisierung, wie etwa dieses Posting in einer geschlossenen Gruppe zeigt, wo über politische Pläne für die Einführung einer Impfpflicht diskutiert wurde:

Packt mich einer an oder meine Kinder, dann wird böses Blut fließen. Da können die durchsetzen und Regeln brechen, wie sie wollen. Dann breche ich auch mit dem Grundgesetz, und dann hab ich die Waffe im Schrank und sie wird zum Einsatz kommen. Und der jeweiligen Person werde ich genau zwischen die Augen schießen. Das soll sich der Drecksstaat zwischen die Ohren schreiben. Und das werden noch einige mehr tun. Hundert pro.

Radikalisierung bis zum Waffengebrauch

Den wenigen – und auch nur dem Anschein nach – positiven Seiten von Verschwörungstheorien steht mithin ein hohes Negativ- und Gefahrenpotenzial entgegen. Der Journalist Alard von Kittlitz wagte 2017 einen Versuch und brachte zwei Chemtrail-Gläubige mit einem Meteorologen und einem Triebwerksingenieur zusammen, die ihnen gesicherte wissenschaftliche Erkenntnisse zum Thema Flugverkehr und Wolkenbildung vermittelten. Am Ende musste Kittlitz in der *Zeit* einräumen, dass „alle, die sich in das Randständige verabschiedet haben, für das Ringen um eine bessere Welt verloren sind. Als ich das Experiment begann, dachte ich noch: Vielleicht doch auch okay, wenn man an Märchen glaubt. Und ich gönne beiden Probanden den Trost, den ihnen ihre Weltbilder spenden. Zugleich aber glaube ich inzwischen, dass ihre Einflüsterer nicht nur selbst ernannte Gegner unserer Gesellschaftsform sind, sondern deren ernst zu nehmende Feinde."

Diesen Gedanken griff wenig später die *Süddeutsche Zeitung* in einem Kommentar zur „Reichsbürger"-Bewegung auf: „Menschen, die in einer irren Privatrealität leben, sind in einer Zeit, in der Terrorismus allgegenwärtig ist, aggressiver geworden. Früher haben sie sich auf eine Bierkiste gestellt und Tiraden gerufen; heute rennen sie mit der Waffe herum." Bereits die Internet-Blasen, in denen sich „die Reichsbürger

„Reichsbürger“

Der „Reichsbürger“-Szene sollen mehr als 16.000 Personen angehören. Rund 1000 von ihnen verfügen legal über Waffen. Im Jahr 2017 zählte das Bundeskriminalamt 771 politisch motivierte Straftaten von „Reichsbürgern“. Die Bandbreite der Delikte reicht von Körperverletzung, Volksverhetzung, Brandstiftung, Nötigung und Widerstrand gegen Vollzugsbeamte bis hin zu Propagandadelikten, Sachbeschädigungen und Verstößen gegen das Waffengesetz. Die *Süddeutsche Zeitung* charakterisiert die „Reichsbürger“ als „eine Armee von komplett Fehlinformierten, gefangen in grotesken Wutbürger-Diskursen, die für Außenstehende kaum noch nachzuvollziehen sind“.

Gemeinsam ist den „Reichsbürgern“ der Glaube an die Illegitimität der Bundesrepublik Deutschland. Ob stattdessen ein „Deutsches Reich“ weiterhin fortbesteht (wahlweise das Kaiserreich von 1871 oder das Deutsche Reich in den Grenzen von 1937) oder aber die Bundesrepublik Deutschland eine ins Handelsregister eingetragene Firma („BRD-GmbH“) oder aber das Besatzungsstatut weiterhin voll in Kraft ist und das Land sich im Kriegszustand befindet, ist unter „Reichsbürgern“ umstritten. Die Szene gilt als disparat. Zu den vielen unterschiedlich motivierten Zirkeln, Kleinstgruppen und Einzelpersonen gehören Aussteiger und Querulanten ebenso wie rechtsextreme Verschwörungstheoretiker und Revisionisten. Da Reichsbürger die Bundesrepublik Deutschland nicht als Staat anerkennen, ignorieren sie Steuerbescheide, Bußgelder, Vorladungen etc. und negieren die Autorität von Behörden und Gerichten. Zur Argumentation dienen ihnen angebliche Gesetzeslücken und pseudojuristische Spitzfindigkeiten über Souveränität und Legitimität der Bundesrepublik.

aufgeilen“, seien ein kriminogener Raum. Zu diesem Zeitpunkt war gerade ein „Reichsbürger“ zu lebenslanger Haft verurteilt worden, der bei einem Polizeieinsatz im Oktober 2016 auf Beamte geschossen, einen von ihnen getötet und zwei verletzt hatte. Die Verschwörungsideologie dieses Milieus liefert radikalen Einzeltätern eine vermeintliche Argumentation, notfalls gewalttätig zu werden. Ein weiterer „Reichsbürger“, der ehemalige „Mister Germany“ Adrian Ursache, schoss im Sommer 2016 einem Polizeibeamten mit einem Revolver ins Gesicht.

Verschwörungsideologisch motivierte Gewalt ist ein durchaus virulentes Phänomen, nicht nur in Deutschland. Politisch eingefärbte Verschwörungstheorien über einen Pädophilenring, der mit der Unterstützung Hillary Clintons von der Pizzeria Comet Ping Pong in Washington D.C. aus agiere, veranlassten im Dezember 2016 einen 28-jährigen Amerikaner dazu, mit einer Kriegswaffe in die Pizzeria zu stürmen und mehrere Schüsse abzufeuern. Verletzt wurde niemand. Der Schütze ließ sich widerstandslos festnehmen, da er in dem Restaurant weder die erwarteten Kriminellen noch im Keller gefangengehaltene Kinder antraf. Nichtsdestotrotz stellte der Sänger Xavier Naidoo in seinem Song *Marionetten* (veröffentlicht im April 2017) die „Pizzagate“-Verschwörungstheorie weiterhin als erwiesene Tatsache dar:

Als Volks-in-die-Fresse-Treter stößt Ihr an unsere Grenzen. Und etwas namens Pizzagate gibt's ja noch auf der Rechnung. Bei näherer Betrachtung steigert sich doch das Entsetzen. Und wenn ich nur einen in die Finger bekomme, dann zerreiß ich ihn in Fetzen. Und da hilft auch kein Verstecken hinter Paragraphen und Gesetzen.

Naidoo tritt seit Jahren als Verschwörungstheoretiker in Erscheinung (über die Anschläge vom 11. September 2001: „Wer das als Wahrheit hingenommen hat, was da erzählt wurde, der hat den Schleier vor den Augen, ganz einfach.“) und teilt Auffassungen der „Reichsbürger“-Szene („Wir sind immer noch ein besetztes Land. Deutschland hat keinen Friedensvertrag und dementsprechend ist Deutschland auch kein echtes Land und nicht frei.“). Mit seinem *Marionetten*-Text liefert Naidoo ein treffliches Beispiel für die größte Gefahr von konspirologischen Schwurbeleien: Verschwörungstheorien malen Feindbilder.

Den vermeintlichen Verschwörern darf in unterschiedlichem Ausmaß Gewalt angetan werden, weil sie angeblich zu den „Bösen“ gehören oder mit ihnen sympathisieren. Verschwörungstheorien verschärfen somit politische und gesellschaftliche Spannungen – umso mehr, wenn sie mit rassistischem, antisemitischem oder antidemokratischem Substrat aufgeladen werden und sich an ohnehin schon gefährdeten Gruppen wie Flüchtlingen oder ethnische Minderheiten abarbeiten. Auch vordergründig harmlose Verschwörungstheorien entfalten dieses Feindbildpotenzial. Die „Flache Erde“-Verschwörungstheorie richtet sich gegen den Wissenschaftsbetrieb und gegen Weltraumorganisationen wie NASA und ESA, die Mondlandungs-Verschwörungstheorie gegen die „bösen“ Amerikaner. „Je mehr Verschwörungstheorien Anklang finden, umso ungesunder ist die politische Gemeinschaft“, schrieb Daniel Pipes 1997.

Egozentrische Unterstellungen statt kontroverser Diskussion über das Für und Wider auf faktischer Grundlage

Zwei Jahrzehnte später zeigt sich, wie fiebrig die Stimmung geworden ist. Gegenwärtig sei die Blüte von Verschwörungstheorien auch ein Indikator für die Fragmentierung der Öffentlichkeit, die längst demokratiegefährdende Ausmaße angenommen habe, meint Michael Butter: „Wenn Gesellschaften sich nicht mehr darauf verständigen können, was wahr ist, können sie auch die drängenden Probleme des 21. Jahrhunderts nicht meistern.“ Probleme, die von banal bis global reichen:

- Rauchmelder-Pflicht? In der Lesart von Verschwörungstheoretikern sind Rauchmelder „Big Brother-Bojen der geisteskranken Daten- und Kontrollfreaks“ zur Überwachung der Bevölkerung.

- Fluoridhaltige Zahnpasta? Ein „massiver Angriff auf die Volksgesundheit", mit dem „langsam, aber sukzessive der freie Wille des Menschen ausgeschaltet" werden soll.
- Impfungen? Sind nutzlos, enthalten Giftstoffe, verursachen Autismus, dienen dazu, Nanopartikel, Roboterviren, RFID (radio-frequency identification)-Chips etc. in den menschlichen Körper zu schleusen, sollen die Bevölkerung „verschwulen".
- Maßnahmen gegen den Klimawandel? Unnötig, da es sich bei der globalen Erwärmung um eine geheimbündlerische Erfindung von Wissenschaftlern handelt, die sich Ansehen und Forschungsgelder erschleichen wollen, oder von der „globalen Elite", um internationale Überwachungsinstitutionen und einen Vorwand für Bevölkerungskontrolle zu schaffen.
- Flüchtlingspolitik? Die „Flüchtlingsströme" werden gezielt nach Europa gelenkt, um Länder zu destabilisieren und nationale Identitäten zu zerstören.

Schon an diesen wenigen Beispielen wird deutlich, dass Verschwörungstheorien nicht nur zustimmungsfähige Einzelphantasien sind, sondern auch mit Absicht gewählte Konstrukte, in denen sich die Vorurteile und Ressentiments von organisierten Gruppen verhärten und Gewaltphantasien entstehen. Die Umdeutung von Ereignissen, verbunden mit antidemokratischer Feindrhetorik, zeigt sich besonders schrill in den mittlerweile standardmäßigen „False Flag"-Phantastereien nach Terroranschlägen oder Amokläufen. Das begann 2009 nach dem Amoklauf von Winnenden, bei dem der 17-jährige Tim K. an der Albertville-Realschule und deren Umgebung bis nach Wendlingen 15 Menschen und sich selbst tötete. Etwa ein Jahr später berichtete die *Backnanger Kreiszeitung* über ein Kneipenhinterzimmertreffen von zwei Dutzend Frauen und Männern, die „nicht nur die Überzeugung [eint], dass fast alles gelogen ist; sie sind sich auch sicher, dass die Republik von einer nicht näher zu fassenden Macht gelenkt wird, von einem Staat im Staate".

Was genau ist „gelogen"? Das Lokalblatt weiter: „Wir Gelenkten, an diesem Abend unerkannt bleibend, hören, dass der Bürgerkrieg vor der Tür steht. Eine These, die in dieser Runde absolut mehrheitsfähig ist. Je absonderlicher die Theorie, desto kräftiger der Beifall. Ein Mann sagt im Brustton der Überzeugung, was auch die anderen zu wissen glauben: Der Staat steckt hinter den tragischen Ereignissen von Winnenden und Wendlingen. Warum? Um anschließend Privatleute entwaffnen zu können, damit die im ganz sicher stattfindenden Bürgerkrieg dem Staat nicht mehr in die Quere kommen können." Kurz darauf tauchte eine ominöse *Bürgerinitiative zur ganzheitlichen Aufklärung der Morde von Winnenden und Wendlingen* im Internet auf. Und in Foren über „Geheimgesellschaften, Verschwörungen und NWO" wurden Statements wie dieses platziert:

Dein Staat, dein Mörder? Wenn System-Kriminelle selbst unsere Kinder über die Klippen springen lassen, dann sind unsere Demokratien und ihre Rechteordnung nur noch Schein und Makulatur. Und wir Menschen in unserem Menschsein abgrundtief verraten. Es schreit inzwischen gen Himmel, in Schreckenstaten weltweit sind die letzten Jahre über auffallend viele Kinder und Jugendliche als Opfer zu beklagen. Jugendliche selbst auch als Täter – vordergründig!?

Wendlingen, Winnenden, Albertville-Realschule, Tim K., überwiegend Mädchen als Opfer – WARUM?! Tim ist hier vermutlich nur vordergründig Täter und die Täter dahinter: System-Kriminelle? Vieles spricht dafür! Denke es ist an der Zeit, den Schreckensherrschern die Stirn zu bieten: Wir alle sind gefordert, insbesondere Politik, Justiz und Medien. Wir müssen künftig nachdrücklich nach den Tätern hinter Tätern fragen: Die Kontrolle über unsere Gehirne und unser Bewusstsein ist längst in vollem Gang, die Aktivitäten werden geheim gehalten, ja geleugnet und Information wird wider besseres Wissens unterdrückt!

Die Saat ging auf. Sieben Jahre später, im Dezember 2016, musste das Aufklärungsportal *Mimikama* schon „eine Vielzahl von wirren False-Flag-Behauptungen" („War alles inszeniert? Wurden wir alle belogen?") zum Anschlag auf den Weihnachtsmarkt in Berlin richtigstellen. Das Anti-Fake-News-Portal „Faktenfinder" der *Tagesschau* trat im Oktober 2017 der populären Verschwörungstheorie entgegen, dass es sich bei den Opfern verschiedener Terroranschläge lediglich um „Krisenschauspieler" (Crisis Actors) handele – zumeist um ein und dieselben. Und nach dem Amoklauf mit 17 Toten an der Marjory Stoneman Douglas High School in Florida im Februar 2018 wurden überlebende Schüler, die sich für schärfere Waffengesetze einsetzten, als gekaufte Statisten verunglimpft.

Wortführer und Mitläufer

Ebenfalls Anfang 2018 publizierte der Moderator, Journalist und Blogger Richard Gutjahr (*Bayerisches Fernsehen*, *Abendzeitung* etc.) einen aufsehenerregenden Erfahrungsbericht über seine Konfrontation mit Verschwörungstheoretikern.[29] Gutjahr war zufällig sowohl bei dem islamistisch motivierten LKW-Anschlag am 14. Juli 2016 in Nizza als auch eine Woche später bei dem Amoklauf von David S. am Olympia-Einkaufszentrum in München vor Ort: „In unzähligen YouTube-Videos, Postings auf Facebook und auf Twitter wurden meine Frau, meine Tochter und ich aufgrund meiner Berichte (und vielleicht der Tatsache geschuldet, dass meine Frau Jüdin ist) bezichtigt, Teil einer internationalen Verschwörung zu sein, der sogenannten New World Order. Ziel dieser geheimen Organisation: durch inszenierte Terrorakte ('Hoaxes' oder auch 'False-Flag'-Angriffe) die Weltherrschaft zu erlangen. Haben wir anfangs über diesen Irrsinn

Die Neue Weltordnung (NWO)

Amokläufe, Terroranschläge, Flüchtlingsströme, Drogenkriminalität, Wirtschaftskrisen – all dem liegt ein perfider Plan von Eliten und Geheimgesellschaften zugrunde, der darauf abzielt, die Bevölkerung zu traumatisieren, damit sie die Errichtung einer globalen Superregierung akzeptiert. Am Ende steht die vollständige Entrechtung der Weltbevölkerung, glauben Verschwörungstheoretiker.

Dabei existiert der Begriff schon seit dem Ersten Weltkrieg. Politiker wie Cecil Rhodes und George W. Bush, Schriftsteller wie H.G. Wells und Persönlichkeiten wie Andrew Carnegie oder Benedikt XVI. griffen die Idee einer „Neuen Weltordnung" auf, um ein supranationales System der kollektiven Sicherheit und Zusammenarbeit anzustoßen. So sprach Bush 1990 vor dem amerikanischen Kongress über „eine neue Welt, eine Welt, die anders ist als die, die wir bisher kannten. Eine Welt, in der die Herrschaft des Rechts die Herrschaft des Dschungels ersetzt. Eine Welt, in der die Völker die gemeinsame Verantwortung für Freiheit und Gerechtigkeit erkennen."

Da zu diesem Zeitpunkt die zahllosen antikommunistischen Verschwörungstheoretiker in den USA ihrer Feindbilder verlustig gingen, richtete sich ihr Blick nach innen, auf die eigene Regierung. Der Kampf gegen die „Neue Weltordnung" füllte fortan das konspirologische Vakuum, welches das Ende des Kalten Krieges hinterlassen hatte. Davon zu unterscheiden ist die Kritik an Globalisierung und Neoliberalismus, die manchmal ebenfalls unter Protest gegen die „Neuen Weltordnung" firmiert.

noch gelacht, ist meiner Familie und mir das Lachen nach und nach im Hals stecken geblieben."

Wie Alard von Kittlitz in der *Zeit* differenziert auch Gutjahr in seinem Artikel zwischen Tätern und Mitläufern: „Es gibt die Wortführer, die Verschwörungstheoretiker (sog. 'Truther'), meist höher gebildet und äußerst geübt im Umgang mit sozialen Netzwerken. Sichtbar genießen sie die Aufmerksamkeit, die sie durch ihre Arbeit im Netz erfahren. Nicht wenige haben aus ihrer Hetze ein Geschäftsmodell entwickelt. So beziehen sie beispielsweise Werbegelder über YouTube [...] Der Großteil derer, die Truther- und Hassvideos liken beziehungsweise weiterverbreiten, sind eher harmlose Mitläufer. Doch man sollte ihre Rolle nicht unterschätzen. Erst durch ihre Likes, Retweets und Shares werden die Wortführer überhaupt erst in die Lage versetzt, eine solche Macht über ihre Verleumdungs-Opfer zu gewinnen."

Zugleich führt uns Gutjahrs Bericht einen weiteren bedeutsamen negativen Impetus von Verschwörungstheorien neben der Feindbildkonstruktion vor Augen: Sie ziehen die gemeinsame Basis der Tatsachenbeurteilung zwischen Politik/Medien/Wissenschaft und Bevölkerung weg. Gutjahr schreibt: „Eine der zahlreichen Verschwörungstheorien lautet, das Blutbad von Nizza sei inszeniert gewesen, die vermeintlichen Opfer wären alle Schauspieler. Eltern getöteter Kinder werden als Teil der Verschwörung enttarnt und öffentlich zum Abschuss freigegeben. Dabei herrscht ein regelrechter Wettstreit unter den Truthern, wer am schnellsten mit der steilsten Theorie im Netz aufwarten kann. Je absurder, je menschenverachtender ein Beitrag ist, desto mehr Klicks und Beachtung findet er in der Community."

Auf Vertrauen angewiesen

Das Ziel bei manchen Verschwörungstheorien scheint mithin gar nicht so sehr, dass sie geglaubt werden, sondern dass man gar nichts mehr glaubt. Fakten und Tatsachen wegzubeschwören, ist indes durchaus gefährlich. Denn wenn es keine allgemein gültige Wahrheit mehr gibt, auf die sich alle einigen können, dann gibt es auch keine Möglichkeit mehr, gemeinsam zu handeln. Zudem können wir nicht jedes Detail unseres alltäglichen Lebens selbst überprüfen – wir müssen also vertrauen. Insofern mag es tatsächlich einen positiven Aspekt von Verschwörungstheorien geben: nämlich als warnendes Beispiel für den drohenden Diskursinfarkt, wie der

Medienwissenschaftler Bernhard Pörksen schreibt: „Sie machen klar, was auf dem Spiel steht.“[30]

●●● Fazit: Verschwörungstheorien sind nicht harmlos. Selbst vermeintlich spaßige Narrative wie die „Reptiloiden-Weltverschwörung“ konstruieren Feindbilder, tragen zur Radikalisierung bei und vertiefen Gräben und Spannungen in der Gesellschaft. Impfgegner und Klimawandelleugner ziehen mit ihren Verschwörungstheorien die kollektive Urteilskraft in Mitleidenschaft und torpedieren evidenzbasierte Entscheidungen. Die Suche nach einem Schuldigen für alles, was schiefläuft, nach den Gegenmächten, nach dem geheimen Plan – quasi eine homöopathisch verdünnte Hexenjagd – verstellt den Blick auf die Realität. Verschwörungstheorien mit ihren verdrehten Fakten, Halbwahrheiten und Lügen sind scheinkritisch, führen zu resignativer Wut und verhindern damit soziales und politisches Engagement, das tatsächlich etwas bewirken könnte. Gänzlich beunruhigend wird es, wenn aus den Verschwörungstheorien von Chemtrailern oder „Reichsbürgern“ eine Praxis wird, die mit konkreten Gefahren für Leib und Leben von Polizisten, Piloten, Gerichtsvollziehern etc. verbunden ist. ●●●●●●

Verschwörungstheoretiker sind nicht mehr erreichbar

●●● Behauptung: Verschwörungstheoretiker sind eigentlich unmöglich vom Gegenteil zu überzeugen. ●●●●●●

Ist die Situation bereits so verfahren, dass wir eine „Gnosikratie“ brauchen, eine Herrschaft der Wissenden? Mit diesem – durchaus ernst gemeinten – Vorschlag erregte der Technik-Philosoph Sandro Gaycken in der *Frankfurter Allgemeinen Zeitung* ein gewisses Aufsehen. Gaycken stellt sich das so vor: „Die Bundeszentrale für politische Bildung gibt Zweiseiter für jeden politischen Bereich aus – Außen, Innen, Umwelt, Wirtschaft, Soziales, Erziehung – mit anerkannten Fakten, mit bewusster Konfrontation von Lügen und Verschwörungen und mit Positionen. Dazu muss vor der Wahlkabine ein variierender Multiple-Choice-Test mit einer einfachen Frage aus jedem Bereich ausgefüllt werden. Wer besteht, darf wählen. Wer aber die Grundlagen seiner eigenen Gesellschaft nicht kennt oder nicht kennen will, darf auch nicht über deren Zukunft entscheiden. Die eigene Meinung muss davon unberührt bleiben. Aber wir dürfen nicht länger zulassen, dass sich diese unangefochten in einer Blase aus Blödsinn, Edutainment und Manipulationen bildet.“

Klar, dass diese Forderung nach einer Einschränkung des Wahlrechts gegen Internet-Lügen heftig kritisiert wurde. Wie sollte so ein offizieller Wissens- und Kompetenztest, der abprüft, ob man belegbare Behauptungen von wahnhaftem Verschwörungsdenken zu unterscheiden vermag, überhaupt aussehen? Nehmen wir spaßeshalber mal das eine oder andere authentische Argument aus der Konspirologen-Szene dafür her:

- Flacherdler

Wenn die Erde einen Umfang von 40.000 km hat und sich in 24 Stunden einmal um die eigene Achse nach Osten dreht, ist die Rotationsgeschwindigkeit an der Erdoberfläche zirka 1600 Kilometer. Wie kann es dann sein, dass Passagierflugzeuge, die zirka 800 km/h schnell und in Richtung Osten fliegen, trotzdem ihr Ziel erreichen?

Antwort a: Die Erde ist gar nicht rund, sondern flach.

Antwort b: Die Atmosphäre dreht sich mit.

- Chemtrail-Gläubige

Wie kann es sein, dass man einen Schneeball mit dem Feuerzeug anschwärzen kann und es ganz extrem nach Chemie beziehungsweise metallisch riecht? Es ist schon fast gruselig und es scheint ja auch kein Fake zu sein, ich habe es ja selbst ausprobiert und sehr viele andere auch. Ich persönlich habe so ein Video erst vor kurzem gesehen, in dem jemand versucht, einen Schneeball anzuzünden. Tatsächlich, der Schnee schmolz nicht so, wie man es kennt von schmelzendem Schnee.
Normalerweise, wenn man eine Flamme nur in die Nähe des Schnees hält, schmilzt dieser weg und das Tauwasser tropft einem von der Hand. Doch dieser Chemie-Schnee schmolz noch nicht mal, als der Tester einen Bunsenbrenner benutzte, um den „Schnee" zu schmelzen. Statt zu zerfließen, wie man es von auftauendem Schnee so kennt, löste sich dieser einfach nur auf, ohne eine sichtbare Spur zu hinterlassen.

Antwort a: Das ist eine Folge der Chemtrails und liegt an dem versprühten chemischen Dreck.

Antwort b: Die Schneebälle in den zahllosen „Fake-Schnee"-Videos bei Youtube und Co. schmelzen ganz normal. Hält man eine offene Flamme direkt an den Schnee, verdampft das geschmolzene Wasser sehr rasch und nahezu ohne flüssigen Zwischenschritt. Das wenige Schmelzwasser wird vom verbleibenden Schnee wie ein Schwamm aufgesaugt und verwandelt ihn in Matsch. Dass der Schnee schwarz wird, wenn man ein Feuerzeug dranhält, liegt nicht an „brennendem Barium" oder anderen Chemikalien, sondern daran, dass die Flamme Ruß absondert. Auch der „Gestank nach Plastik" kommt vom Feuerzeuggas selbst oder von den Ausdünstungen des immer heißer werdenden Plastikfeuerzeugs.

- „Reichsbürger"

Deutschland hat keinen Friedensvertrag.

Antwort a: Wir befinden uns noch im Krieg.

Antwort b: Ebenso wie eine Verfassung nicht notwendigerweise diese Bezeichnung tragen muss, sondern auch Grundgesetz heißen kann, muss ein Friedensvertrag nicht unbedingt Friedensvertrag heißen. Entscheidend ist, was in einem Friedensvertrag geregelt ist. Üblicherweise sind das Reparationszahlungen und die Frage des künftigen Staatsgebietes. Und tatsächlich hat die Bundesrepublik alle diese Fragen geregelt. Über Reparationen gibt es eine Vielzahl bi- und multilateraler Verträge, die dazu geführt haben, dass die letzten Reparationszahlungen 2010 erfolgt sind. Und der Zwei-plus-Vier-Vertrag zwischen DDR und Bundesrepublik auf der einen und USA, Großbritannien, Frankreich und der Sowjetunion auf der anderen Seite enthält eine abschließende Regelung über das Staatsgebiet. Damit sind alle noch fehlenden Bedingungen für einen endgültigen und faktisch ohnehin bereits existierenden Friedensschluss am 12. September 1990 geschaffen worden.[31]

- Impfgegner

Wenn Eure Impfungen wirken, warum habt Ihr dann Angst vor Impfverweigerern?

Antwort a: Impfungen wirken eben nicht.

Antwort b: Geimpfte haben keine Angst vor Impfverweigerern. Sie haben Angst um Kinder, Freunde und Nachbarn, die zu jung, zu krank oder zu schwach sind, um geimpft werden zu können. Es geht um den sogenannten Herden- oder Gemeinschaftsschutz. Wer Immunität gegenüber einem Krankheitserreger besitzt, ist nicht nur selbst weitgehend vor einer Ansteckung gefeit. Er schützt auch alle diejenigen, die (noch) nicht geimpft werden können, beispielsweise Säuglinge oder Menschen mit einem geschwächten Immunsystem, Tumorkranke oder HIV-Positive, weil er den Erreger nicht mehr weitergeben kann. Je mehr Menschen in einer Bevölkerungsgruppe immun sind, desto höher wird die immunologische Firewall.

Das (Informations-) Defizit-Modell ist überholt

Dass bei allen vier Fragen Antwort b richtig ist, lässt sich mühelos im Internet recherchieren. Wieso also kursieren diese verschwörungstheoretischen Standardbehauptungen überhaupt noch – und werden von ungezählten Menschen bereitwillig geglaubt? Und warum reagieren Impfgegner zum Beispiel auf die korrekte Darstellung der Herdenimmunität so, wie es der Arzt und Schriftsteller Philipp S. Holstein bei *Facebook*-Diskussionen zum Thema Impfen immer wieder erlebt hat:[32]

- Stufe 1: Warm-up:

Die Studien sind nicht repräsentativ, außerdem sind die von der Pharma bezahlt.

- Stufe 2: Nebelkerzen:

Ich habe aber ein Youtube-Video gesehen, das einen Mann zeigt, der, glaube ich, Arzt ist und der eine Studie zitiert, die 1987 an der Universität von Kuala-Lumpur gemacht wurde, die besagt, dass Impfungen sofort schwulen Autismuskrebs auslösen.

- Stufe 3: Aggression

Eskalationsstufe 1: *Dieser Holstein ist doch von der Pharma bezahlt. Und gar kein Arzt. Sondern Erbsenschäler in der Puffkantine.*

Eskalationsstufe 2: Drohmails

Eskalationsstufe 3: Antisemitismus. *Der Holstein ist doch bestimmt Jude. Holstein, klassischer Nachname von denen. Denkt mal drüber nach, der gehört zu denen.* (Originalzitat)

- Stufe 4: Verwirrungstaktik. Jeden der folgenden Sätze mindestens achtmal posten:

Wer sagt denn, dass die Wissenschaft Recht hat? (Originalzitat)

Sie sind ein völlig Fakten-Verblendeter Mensch (Originalzitat)

Studien und Fakten verzerren die Realität (Originalzitat)

- Stufe 5: Jetzt wird emotionalisiert und Evidenzgrad 58b ausgepackt.

Das bedeutet: Irgendein völlig unbeteiligter Laie aus Bottrop hat, als er zufällig im Supermarkt eine Altenpflegeschülerin und eine ehemalige Masseurin, die zur Bademeisterin umschulte, bei einem Gespräch an der Gemüsetheke gesehen und die Worte „Spritzen" und „gesundheitsschädlich" aufgeschnappt. Das erzählt er im Nebensatz einer Bekannten aus Düsseldorf, die es wiederum folgendermaßen in ihrer *Facebook*-Gruppe postet: *Ein Freund von mir hatte heute mit einer Spezialistin für Medizin und einer Gesundheitsexpertin zu tun. Die haben auch ganz klar gesagt, dass Impfungen krankmachen können.*

Offenkundig ist es ein Irrglaube, man müsse Verschwörungstheoretikern einfach nur mehr Wissen vermitteln, dann würden sie den Fakten und der Forschung schon vertrauen. Dieses Defizit-Modell ist mittlerweile überholt. Das hat jeder schon am eigenen Leib erfahren, der online oder Reallife mit Flacherdlern, Chemtrail-Gläubigen, „Reichsbürgern" oder Impfgegnern aneinandergeraten ist. Und der mit seinem Einwurf, dass das alles doch recht einfach erklärt werden könne, solche oder ähnliche Antworten geerntet hat:

Lass gut sein. Jemand, der sich auf Quellen beruft, zeigt eigentlich auch nur auf, dass er selber nicht denken kann.

Tja, Herr Vertuschungsbeauftragter, ich bin meine eigene Fortbildungsquelle. Ich trage alles in mir, in schwinge in Resonanz des Universums, die älteste und beste Fortbildungsquelle, die es gibt.

Guck dich mal mehr im realen Leben um, zu viel Lesen macht übrigens dumm.

Ich sehe gerade, du hast studiert. Du glaubst alles, was dir da beigebracht worden ist??? Mhhhh – ich kenne einige Professoren an Elite-Unis in der BRD (zumindest bezeichnen sie sich also solche), die mir alle bestätigen, dass das freie Denken an den Unis abgeschafft wird, Stück für Stück!!!! Dann erklären sich ja einige Aussagen von gewissen Studierten von selbst.

Ich bin Verschwörungstheoretikerin, überzeugte.

Das Phänomen der kognitiven Dissonanz

Vollkommen unverständlich sind solche Reaktionen indes nicht. Menschen halten nicht deswegen an Verschwörungstheorien und Fehlannahmen fest, weil sie nicht über die relevanten Informationen verfügen – sondern weil sie das negative Gefühl vermeiden wollen, das ein psychischer Spannungszustand mit widerstreitenden Gedanken verursacht. Dieses Phänomen ist als kognitive Dissonanz bekannt: Je mehr Energie oder Schmerzen wir in eine Sache stecken, desto schwerer fällt es uns einzugestehen, dass wir uns geirrt haben könnten. Und je mehr Erkenntnisse wir gewinnen, die nicht für unsere Einstellung sprechen, umso stärker empfinden wir diese ambivalenten Emotionen. Und machen uns daher unverzüglich an die Dissonanzauflösung.

Wissenschaftler wählen zur Illustration gern das Beispiel Rauchen:[33] Stellen Sie sich vor, Sie sind Raucher. Immer wieder hören und lesen Sie von den gesundheitsschädlichen Folgen des Rauchens. Und Sie leiden bereits unter dem typischen morgendlichen Raucherhusten. Ihr Hausarzt hat Ihnen deshalb schon wiederholt geraten, endlich mit dem Rauchen aufzuhören. Auf den Genuss Ihrer Zigarette verzichten möchten Sie aber ganz und gar nicht. Was also tun? Kognitive Dissonanz-Reduktion sieht so aus, dass die missliebigen Informationen über die Gefahren des Rauchens relativiert werden („Mein Großvater hat immer geraucht und ist trotzdem 90 Jahre alt geworden", „Auch Nichtraucher bekommen Lungenkrebs" etc.) und positive Gedanken über das Rauchen hervorgeholt werden („Rauchen ist gut für meine Nerven" „Wenn ich mit dem Rauchen aufhöre, werde ich zu dick", „Schließlich muss das Leben auch Spaß machen" etc.).

Die Beobachtung, die den amerikanischen Sozialpsychologen Leon Festinger zu seiner Theorie der kognitiven Dissonanz brachte, hängt bereits eng mit dem Thema Verschwörungstheorien zusammen. Festinger wurde in den

1950ern zum Schein Mitglied in einer Endzeit-Sekte, deren Oberhaupt „Marian Keech" (eine Hausfrau aus Chicago namens Dorothy Martin) behauptete, mit Außerirdischen in Kontakt zu stehen. Als die Aliens für den 21. Dezember 1954 eine alles vernichtende Flutkatastrophe ankündigten, gaben zahlreiche Sektenmitglieder ihre Arbeit auf, verkauften ihre Häuser und unterwarfen sich ganz der Führerin, die versprach, dass ihre Anhänger um Mitternacht von einem Ufo gerettet würden. Flut und Raumschiff blieben natürlich aus, unter den Gläubigen herrschte Verwirrung. Man könnte auch sagen: Kognitive Dissonanz setzte der Gruppe massiv zu, nämlich der langsam einsickernde Verdacht, als ausgemachte Trottel dazustehen. Wie löste Keech das kollektive Missempfinden auf? Mit einer abenteuerlichen Neuinterpretation der Lage. Die Sektengründerin behauptete, alle Anwesenden hätten durch ihre Gebete die Apokalypse abgewendet. Keechs Gefolgsleute jubelten. Die Übernahme dieser heroischen Deutung ermöglichte es ihnen, ihr positives Selbstbild aufrechtzuerhalten.

Dissonanz-Reduktion mit allen Mitteln

Nicht von ungefähr vergleichen Experten die Abkehr von Verschwörungstheorien mit einem Sektenausstieg. Eine Vorstellung von den dabei entstehenden kognitiven Dissonanzen vermitteln uns Ehemalige wie die Ex-Chemtrail-Gläubige Stephanie Wittschier: „Der Moment, in dem man realisiert, dass man die ganze Zeit komplett auf dem Holzweg gewesen ist, sich durch die Verschwörungsideologien und dadurch, dass man den ganzen Mist selbst verbreitet hat, total zum Affen gemacht hat vor aller Welt, Zeit und Geld verschwendet hat für hanebüchenen Unsinn und wohin dieser Unsinn einen fast gebracht hätte, ist wirklich schrecklich. Man fühlt sich wie ein kompletter Idiot und man schämt sich so dermaßen, dass man sich am liebsten in ein Loch verkriechen möchte."

Ähnlich äußerte sich die Tochter eines Schweizer „Freeman“, der unter diesem Pseudonym den Truther-Blog *Alles Schall und Rauch* betreibt, in einem Beitrag für das Online-Newsportal *Broadly*.[34] Die junge Frau stand den Absichten ihres Vaters („die nichtwissenden Schlafschafe unserer, von einer angeblich geheimen Elite unterjochten Gesellschaft ins Licht zu führen“) zunächst wohlwollend-interessiert gegenüber, ging nach einigen Jahren aber auf Distanz: „Rekapitulierend kann ich sagen, dass ich mich heute für mein Verhalten von damals schäme. Mir ist es peinlich, dass ich mich von paranoiden Spinnern habe einlullen lassen, weil ich selbst total neben mir stand. Mir ist es unangenehm, dass ich so einen Müll wie *Die Bandbreite* [ein Hip-Hop-Duo aus dem Ruhrgebiet, das sich auf Auftritte bei Truthern, Verschwörungstheoretikern und in der Querfront-Szene spezialisiert hat, Anm. B.H.] gehört und versucht habe, Freunde von meinen abstrusen Theorien zu überzeugen.“

Es ist also viel einfacher, Tatsachen zurückzuweisen, als ihnen ins Gesicht zu sehen. Neu eingehende Informationen nehmen wir primär so auf, dass sie drohende negative Gefühle abwenden und positive maximieren. Störeinflüsse werden mit kognitiver Dissonanzreduktion weggefiltert. Die seelische Disposition von Verschwörungstheoretikern beschreibt das Online-Magazin *Slippery Slopes* so: „Doch was ist, wenn wir mit der Aufdeckung trotz all unserer Anstrengungen nicht weiterkommen? Was, wenn sich keine Beweise dafür finden lassen, dass eine Gruppe finsterer Figuren die Fäden zum Nachteil aller anderen zieht? Was, wenn sich für unsere so überaus nützliche, weil entlastende und einfach *alles* erklärende Grundannahme partout keine gesicherten Anhaltspunkte finden lassen? Sollten wir sie überdenken? Müssen wir sie gar aufgeben? Auf keinen Fall!“[35]

Wissenschaftler der Harvard University und des University College London konfrontierten Versuchspersonen, die den Klimawandel eher für harmlos halten, mit beängstigenden Forschungsergebnissen. Die Teilnehmer zeigten sich davon wenig beeindruckt, ihre Meinungen änderten sie schon gar nicht. Legte man ihnen hingegen Wissenschaftsnews vor, die ihre Einschätzung bestätigten, fanden sie prompt den Klimawandel noch harmloser als zuvor. Bei der Vergleichsgruppe, die den Klimawandel als bedrohlich empfindet, verhielt es sich genau umgekehrt. Wenn uns Argumente für zwei konträre Positionen zur Verfügung stehen, beachten wir offenkundig eher die, die wir für wahr halten wollen.

Identitätsschutz vs. Fakten

Rein faktenbasiertes Argumentieren hilft nicht, weil unsere Einstellungen Teil unserer Identität sind. Neurowissenschaftler der University of Southern California in Los Angeles konnten zeigen, dass es für das Gehirn zu einem gewissen Grad keinen Unterschied macht, ob wir körperlich angegangen werden oder ob unsere Identität bedroht ist. Bei einem Versuch lagen die Probanden in einem Hirnscanner und mussten Gegenargumente zu politischen und allgemeinen Statements lesen, denen sie zuvor überzeugt zugestimmt hatten, beispielsweise „Reiche sollten mehr Steuern zahlen" oder „Vitaminpräparate sind gut für die Gesundheit". Bei manchen Versuchspersonen flackerte dabei die Amygdala, das Angstzentrum des Gehirns, nahezu wie bei einem Messerangriff. Und je stärker ihre Amygdala aktiv war, also je heftiger die emotionale Reaktion auf die Anfechtung ausfiel, desto weniger änderten sie ihre Meinung. Es geht also nicht um Wahrheitsfindung – sondern darum, weiterhin die Person sein zu können, die man sein Leben lang gewesen ist.

Psychologen von den Universitäten Breslau und Göttingen fanden heraus, dass Experten (zum Beispiel Ärzte oder Finanzberater) als besonders glaubwürdig wahrgenommen werden, wenn sie die eigenen Ansichten (etwa Selbstdiagnosen oder Anlagevorlieben) bestätigen. Fazit der Forscher: „Es fühlt sich so schön an, recht zu haben und bestätigt zu werden. Werden aber die eigenen Meinungen herausgefordert, weckt dies den inneren Kritiker. Jedes Argument wird nun abgeklopft und auf ein Ziel hin geprüft: Gründe zu finden, diese empörenden Aussagen zurückzuweisen."

Diese sogenannte Bestätigungstendenz (Confirmation Bias) ist einer der maßgeblichen psychologischen Mechanismen, mit denen kognitive Dissonanz reduziert wird – und wirkt sich auch auf die Akzeptanz von Verschwörungstheorien aus, vor allem in sozialen Netzwerken. „Sobald wir anfangen, diese Geschichten zu glauben, suchen wir nach Beweisen dafür und ignorieren Gegenbeweise. Dann bilden wir Stämme und verteidigen unseren Bullshit gegen den Bullshit der Anderen", beschreibt der australische Programmierer Seb Pearce seine Erfahrungen mit einem satirischen *New Age Bullshit Generator*, den er 2015 ins Internet stellte. Statt von „Stämmen" sprechen Medienwissenschaftler von Echokammern oder Filterblasen: „Was hineinkommt, wird vielfach untereinander geteilt und verstärkt bereits vorab existierende Einstellungen", schreibt die Netzwerkforscherin Michaela Del Vicario in ihrer Studie *The Spreading of misinformation online*. Das führe zu „Bestätigungsverzerrung, Spaltung und Polarisierung".

Backfire-Effekt und Bestätigungstendenz

Was aber passiert, wenn Verschwörungsgläubige in ihren digitalen „Stämmen" mit anderen Auffassungen in Berührung kommen? Auch das hat Vicario in einer Studie untersucht. Aus Echokammern werden dann Echobunker. Jedes Gegenargument gilt als gefühlte Attacke, welche die Solidarität mit den Mitverschwörungstheoretikern weiter steigert. Gegenschlag- oder Bumerang-Effekt nennen Experten diese Steigerungsform des Confirmation Bias. Erforscht wurde der Backfire-Effekt unter anderem bei Impfkampagnen. Ein Team aus Großbritannien und den USA zum Beispiel konzipierte vier verschiedene Aufklärungsinitiativen und testete diese an 1759 Eltern mit Kindern unter 17 Jahren. Die erste Kampagne zielte darauf ab, eine populäre Falschinformation richtigzustellen, indem detailliert erklärt wurde, dass es keinerlei Belege für einen Zusammenhang zwischen Impfungen und Autismus gibt. Die zweite informierte rein textbezogen über die gesundheitlichen Schäden, die impfpräventable Infektionskrankheiten wie Masern, Mumps und Röteln verursachen können. Die dritte Kampagne zeigte emotional berührende Fotos von erkrankten Kindern, die mit einer Impfung wahrscheinlich gesund geblieben wären. Die vierte Aktion stellte auf die dramatische Geschichte eines Kindes ab, das fast an Masern gestorben wäre.

Diejenigen Mütter und Väter, die Impfungen kritisch gegenüberstanden, waren anschließend noch weniger geneigt, ihre Kinder impfen zu lassen. Die Fotos der erkrankten Kinder und die Geschichte des Kindes mit dem beinahe tödlichen Masernverlauf verstärkten bei impfkritischen Eltern den Eindruck, dass Impfungen gefährlich seien. Sie neigten dazu, solche Storys mit der Impfung selbst zu assoziieren und negative statt positive Bezüge herzustellen. Auch in der ersten Teilnehmergruppe, wo nach dem Experiment signifikant mehr Eltern verstanden hatten, dass Impfungen keinen Autismus auslösen, machte die Korrektur der Fehlinformation auf die Untergruppe der Impfverweigerer kaum Eindruck – obwohl man ihnen klarmachte, dass ihre Ansichten falsch sind. Überraschend? Nicht unbedingt. Die Impfablehnung aufzugeben, hätte für die Probanden bedeutet, einen lange verteidigten Fehler mit potenziell gravierenden Folgen für sich und die eigenen Kinder einzugestehen. Das ist schmerzhaft, außer die Impfgegner behalten ihre Meinung trotz widerlegter Argumente bei und aktivieren eben andere Gründe, mit denen sie ihre noch immer ablehnende Haltung untermauern.[36]

Korrekturversuche können dazu führen, dass Falschmeldungen und Verschwörungstheorien noch stärker geglaubt werden. Insbesondere, wenn diese identitätsstiftend sind. Bei den Ansichten zum menschengemachten Klimawandel etwa spielt der Bildungsgrad eine deutlich geringere Rolle als Werte, Ideologien, Weltanschauungen und die Zugehörigkeit zu einer politischen Gruppe. Vor allem „partisanship" (die Identifikation mit einer politischen Partei) trägt dazu bei, dass selbst parteipolitisch neutrale, überprüfbare Fakten, unterschiedlich wahrgenommen werden. Wer beispielsweise Parteien rechts der Mitte wählt, konservativ eingestellt ist und das Individuum betont, die freie Marktwirtschaft hochhält, staatliche Interventionen kritisch sieht und Unternehmen grundsätzlich vertraut – dann steigt die Wahrscheinlichkeit deutlich, dass diese Person den Klimawandel für wenig bedeutsam oder gar für inexistent hält, hat eine Metaanalyse von 25 Meinungsumfragen und 171 Studien aus den vergangenen Jahren erbracht. Die Ansicht, der Staat müsse sich aus der Wirtschaft heraushalten, kollidiert nämlich mit der Erkenntnis, dass ungebremste Treibhausgasemissionen der Wirtschaft auf lange Sicht die Menschheit vor große Probleme stellen werden. Klimawandelleugner scheinen in erster Linie ihr Weltbild bestätigt sehen zu wollen. Der Versuch einer faktischen Richtigstellung kommt daher meist einem Frontalangriff auf Weltsicht, Lebensstil und Charakterfundament gleich.[37]

Der ganz spezielle Moment des Umdenkens

Wenn aber Menschen geradezu vor Fakten fliehen, um persönliche, politische oder religiöse Überzeugungen zu schützen – ist damit nicht jedwede Aufklärung von vornherein zum Scheitern verurteilt? Nicht unbedingt. Zwar hat Michael Butter wohl recht: Jemand, der felsenfest von einer Verschwörungstheorie des Ausmaßes von „9/11 war ein Inside-Job" überzeugt ist, kann „kaum vom Gegenteil überzeugt werden. Die Verknüpfungen und Verbindungen innerhalb eines so konstruierten Weltbildes sind derart allumfassend, dass schon der leiseste Zweifel zu einer Identitätskrise führen könnte. Das wollen diese Leute um jeden Preis verhindern.“ Allerdings hat nicht jedes Gegenüber eine einzementierte Meinung. Und sogar der eine oder andere Hardcore-Verschwörungstheoretiker findet wieder in die Realität zurück.

Bei der ehedem Chemtrail-gläubigen Stephanie Wittschier kam „der ganz spezielle Moment, der mich zum Umdenken gebracht hat“, als sie in einer Chemtrail-Gruppe las, dass man Flugzeuge per Laserpointer vom Himmel holen solle. „Da war ich wirklich geschockt“, erzählt sie in einem Interview mit der Jugendwebseite *Noizz*.[38] „Das war der erste Knacks mit mir und der Chemtrail-Szene. Danach gab es damals in einer der Chemtrail-Gruppen einen Aufruf von einem User zu einem Projekt, die Streifen am Himmel doch einmal selbst genauestens zu untersuchen, ob dort wirklich die Stoffe enthalten sind, welche von Chemtrailgläubigen immer behauptet werden. Er hat Vorschläge gemacht, wie man das am besten machen könnte, und bot an, sich mit 200 Euro selbst an dem Projekt zu beteiligen und hat dann nachgefragt, wer denn noch aus der Gruppe dazu bereit wäre.

Wir wurden daraufhin von den anderen Usern der Gruppe, inklusive dem Admin, sehr hart angegangen, der Thread wurde schnell gelöscht und wir alle, die sich zu dem Projekt bereit erklärt hatten, aus der Gruppe geschmissen. Das war dann der zweite Knacks mit mir und der Chemtrail-Szene. Danach habe ich mich auch endlich mal auf Skeptiker-Seiten informiert und mir deren Argumente durchgelesen. Es hat mir die Augen geöffnet und gezeigt, wie schwachsinnig die Argumente der Chemtrailgläubigen sind und wie gefährlich die ganze Szene im Allgemeinen ist.“

Wittschiers Beispiel zeigt, dass Aufklärung und das Zurverfügungstellen von Fakten nach wie vor unverzichtbar sind. Und dass der Backfire-Effekt keineswegs allmächtig ist. Im Januar 2018 erschien in dem Fachjournal *Political Behavior* die Studie *The Elusive Backfire Effect.* Darin zeigen die beiden US-Forscher Thomas Wood und Ethan Porter, dass der Backfire-Effekt wohl nur bei einer ganz bestimmten (zahlenmäßig vermutlich nicht allzu großen) Klientel zum Tragen kommt. Nämlich bei Personen, die nicht bloß die Fakten ignorieren, sondern zusätzlich aktiv Gegenargumente zu der Korrektur entwickeln. Das erfordert aber eine Menge kognitiver Arbeit, die nur wenige Menschen zu leisten bereit sind. Tatsächlich hatten Psychologen schon lange festgestellt, dass Verschwörungstheoretiker eher den allgemein akzeptierten offiziellen Hintergrund eines Ereignisses anzweifeln, als dass sie die eigene Verschwörungstheorie argumentativ verteidigen oder untermauern können (vgl. S. 42).

Impfung gegen Fake News und Verschwörungstheorien

Diesen Umstand machen sich Wissenschaftler zunutze, um eine Art „Impfung“ gegen Verschwörungstheorien und Fake News zu entwickeln. Erste Erfolge mit einer psychologischen Immunisierung konnte der Sozialpsychologe Sander van der Linden von der University of Cambridge erzielen. Van der Linden teilte seine mehr als 2000 Versuchsteilnehmer in verschiedene Gruppen ein. Einer davon präsentierte er beispielsweise eine korrekte Statistik, nach der mehr als 97 Prozent der ausgewiesenen Klimaforscher davon überzeugt sind, dass menschliche Aktivitäten einen entscheidenden Einfluss auf die Veränderung der durchschnittlichen globalen Temperaturen haben. Einer weiteren Gruppe brachte van der Linden zusätzlich die argumentativen Tricks und die Vorgehensweise der Klimawandelleugner nahe.

Anschließend konfrontierte der Psychologe seine Probanden mit der sogenannten Oregon-Petition, einer politischen Desinformationskampagne gegen das Kyoto-Protokoll, die 31.000 Mal unterzeichnet wurde. Die „geimpften" Teilnehmer mit spezifischen Hintergrundinformationen zur Leugner-Lobby des anthropogenen Klimawandels ließen sich von der dubiosen Petition weit weniger stark beeinflussen. Van der Lindens Fazit: „Es wird zwar immer Menschen geben, die völlig resistent gegen Veränderungen sind. Doch wir glauben, dass in den Köpfen der meisten doch Platz für neue Sichtweisen ist." Eine erste konkrete Anwendung der psychologischen „Impfung" gegen Fake News und Verschwörungstheorien ist ein Online-Game für Jugendliche, das von der Linden im Februar 2018 unter *www.getbadnews.com* ins Netz stellte.

Die österreichische Journalistin und Web-Expertin Ingrid Brodnig referiert in ihrem Buch *Lügen im Netz* eine Studie aus dem französischen Wahlkampf von 2017: Wissenschaftler testeten bei 2480 Franzosen aus Regionen, in denen die Front National stark ist, sowohl die Wirkung von Fehlinformation als auch von Richtigstellungen. Ein Teil der Teilnehmer sah falsche Aussagen der Politikerin Marine Le Pen, ein Teil erhielt nur die faktisch-korrekte Information, und ein dritter Teil las sowohl Fehlinformation als auch anschließend die Fakten. Die Rechtspopulistin hatte beispielsweise anhand von Fotos behauptet, dass 99 Prozent der Flüchtlinge in Deutschland und Ungarn Männer seien. Diese Zahl stimmt nicht. Laut Bundesamt für Migration und Flüchtlinge sind rund 62 Prozent der Flüchtlinge männlich (nach UN-Flüchtlingswerk rund 68 Prozent).

Die Forscher der Sciences Po und École d'économie de Paris fanden heraus, dass sowohl Irreführung als auch Aufklärung beeinflusst, was Menschen für wahr halten. Wenn Probanden falsche Meldungen von Le Pen lasen, dann überschätzten sie tendenziell eher den Anteil von männlichen Flüchtlingen. Eine darauffolgende Richtigstellung verbesserte allerdings das Wissen wieder. Selbst Sympathisanten von Le Pen reagierten positiv auf die Richtigstellung, zwar nicht ganz so stark wie der Rest der Befragten, aber immerhin zeigte auch hier Aufklärung eine Wirkung. „Dass auch Anhänger von Le Pen die Richtigstellung in ihren Wissensstand aufnahmen, ist ein bemerkenswerter Aspekt", findet Brodnig. „Es könnte also sein, dass Fakten sogar etwas stärker wirken, als noch vor wenigen Jahren vermutet."

Aufklärung mit Fakten und Gefühlen

Trotz dieser hoffnungsvollen Ansätze steht die Forschung aber noch ganz am Anfang. Eine allseits erprobte Kommunikationsstrategie für den Umgang mit Verschwörungstheoretikern, die in jedem Einzelfall und bei jedem Thema funktioniert, gibt es nicht. Praktisch zu jeder Empfehlung findet sich ein ebenso plausibles Abraten. Und eine Gesprächstaktik, mit der man hier und da Erfolge erzielt, kann schon in der nächsten Situation krachend scheitern. Auch Wissenschaftsprofis sind sich in der Frage der Vermittlung von schwierigen Themen uneins.

Exemplarisch hierfür sind die Fotos von hungernden Eisbären auf dem schwindenden ewigen Eis. Die Psychologin Maria von Salisch von der Leuphana Universität Lüneburg plädiert dafür, „Fakten emotional so aufzuladen, sodass sie Menschen in der schnellen Kommunikation erreichen und somit für sie bedeutsam werden können". Am besten sei es, wenn die subjektive Befindlichkeit und die objektiven Fakten übereinstimmen: „In Hinblick auf den Klimawandel ist es zum Beispiel der bedrohte Eisbär auf der Scholle. Dies ist ein Bild, das wirkt und hilft, um den Kampf gegen den Klimawandel weiterzuführen, und es ist gleichzeitig eine Tatsache." Völlig anderer Auffassung ist der Sozialpsychologe Adam Corner, Forschungsdirektor des britischen Think Tanks *Climate Outreach*: „Eisbären stellen den Klimawandel nicht als Thema dar, von dem man sich betroffen fühlt und für das man sich engagieren will. Es dürfte kaum ein Aushängeschild für den Klimawandel geben, das weiter entfernt, das abgeschiedener ist von uns als der Eisbär. Der Witz ist doch: Wahrscheinlich sehen Sie im Laufe Ihres Lebens eher einen als Eisbären verkleideten Klima-Demonstranten als einen echten Eisbären."[39]

Was also tun? Einfache Antwort: was tun! Das Positive an dem gegenwärtigen Ringen um Gesprächs- und Argumentationsstrategien gegen Verschwörungstheorien ist, dass es kein Richtig und kein Falsch gibt. Jeder Einzelne muss seine individuelle Vorgehensweise finden, die abhängig ist von Zeit, Geduld, Temperament, Frustrationstoleranz, Wissen, Umfeld, Zielsetzung und anderem mehr. Das Verkehrteste wäre, zu Hause zu bleiben, Porzellan zu polieren und auf das Ende zu warten, schreibt die *SPON*-Kolumnistin Sibylle Berg: „So angenehm sich dieser Gedanke anfühlen mag, er führt nicht zu einer Verbesserung der Welt oder was auch immer Sie dafür halten – nicht einmal im Kleinen. Denn dieser Gedanke beraubt Sie der Chance, wenigstens die aufgeschlossenen zwei Prozent zu erreichen."

Aber wie?

„The concept of global warming was created by and for the Chinese in order to make U.S. manufacturing non-competitive", twitterte Donald Trump am 6. November 2012. Die Erderwärmung sei bloß eine Erfindung der Chinesen, um der Wirtschaft der Vereinigten Staaten zu schaden. Was soll man darauf antworten? „Unsinn!" oder „Nein, die Erderwärmung ist keine Erfindung!"? Beides ist naheliegend – aber wenig zielführend. Besser:

- Ein eigenes Argument finden

In diesem konkreten Beispiel plädiert Ingrid Brodnig für einen Korrekturversuch im Stil von „Die Erderwärmung ist real, sie ist messbar und im Gegenteil, Herr Trump, kein Wirtschaftsstandort kann es sich leisten, diese Gefahr zu ignorieren." Diese Erwiderung ist darüber hinaus in mehrfacher Hinsicht musterhaft:

- Sie stellt eine Verbindung zum Wertesystem des Klimawandelleugners her und erklärt ihm, Klimaschutz sei patriotisch und sowohl notwendig für die nationale Sicherheit als auch gut für die Wirtschaft (etwa Klimaschutzmaßnahmen als Impuls für Investitionen und neue Geschäftsmöglichkeiten).
- Sie verzichtet weitgehend auf die Wiederholung der falschen Aussagen, was nämlich dazu führen könnte, dass die Falschinformation sich noch weiter verfestigt.
- Sie baut zum Teil auf Argumenten auf, die der andere zunächst gar nicht erwähnt hat.

Kurz gesagt: Wenn Sie etwas richtigstellen, sollten Sie es nicht einfach nur verneinen. Das schwächt Ihren Einwand und ruft bloß die ursprüngliche Falschmeldung oder das schlechte Argument in Erinnerung. Konzentrieren Sie sich nur auf die Fakten, die dagegensprechen. Und füllen Sie die mentale Lücke, die bei Ihrem Gegenüber entsteht, wenn eine Falschinformation ausgeräumt wird, mit einer neuen Erklärung der Wirklichkeit oder einer Gegenerzählung.[40]

Einige weitere Tipps und Hinweise für die Online- und Offline-Kommunikation mit Verschwörungstheoretikern und Faktenleugnern:

- Fragen stellen

Die Betreiber des *Hoaxilla*-Podcasts, Alexa und Alexander Waschkau, haben eine feste Strategie, wenn sie mit Verschwörungsgläubigen diskutieren: „Wir sind dazu übergegangen, nur noch Fragen zu stellen. Häufig fehlt zwischen verschiedenen Trugschlüssen eine Logik. Im Idealfall widersprechen sich Verschwörungstheoretiker."

Ein Beispiel von der Facebook-Seite der Bundesregierung im Zusammenhang mit einer Impfaufklärungs-Kampagne:

„Hier wird wieder Lobbyarbeit betrieben. Schön Werbung machen für die Pharmaindustrie!"

Was ist Ihr Vorschlag, um Krankheiten wie Masern, Mumps und Röteln auszurotten?

Oder aus einem Chemtrail-Forum:

Langsam bin ich durcheinander. Weiter unten wird ein Kommentar gepostet, in dem davon die Rede ist, dass den Chemtrails Chemikalien zugeführt werden, die den Himmel wieder blau erscheinen lassen, um alles zu vertuschen. Du sagst, der Himmel wird verdunkelt. Andere behaupten, seit Monaten zu beobachten, dass der Himmel milchig ist. Wie geht das, wenn doch Chemikalien zugeführt werden, die den Himmel blau erscheinen lassen?

Beispiele für Fragen zum Gesamtbild von Verschwörungstheorien sind:

- Wenn das so geheim ist, woher weißt du das dann?
- Kann ich diese Beweise mal sehen?
- Dass das so sein kann, sehe ich, aber wie kommst du darauf, dass es so wäre?
- Das lässt sich gar nicht widerlegen – angenommen, ich hätte doch recht, wie könnte ich dir das je beweisen?
- Ich soll also etwas glauben, was sich gar nicht überprüfen lässt?
- Und was, wenn all diese Beweise gefälscht wurden und nun von Verschwörungstheoretikern verbreitet werden?
- Was ist mit den Leuten, die Zweifel haben, diese überprüfen und dann feststellen, dass es keinen Grund zum Zweifeln gab?
- Was ist mit den Leuten, die, wenn sie Zweifel haben, eher dem Fachmann als einem Verschwörungstheoretiker glauben?

Sicher kein schlechter Gedanke, das Gegenüber zu geistiger Anstrengung zu zwingen und dabei Fragen zu stellen, für deren Beantwortung Informationen abgerufen werden müssen, die das Ziel des Aufklärers stützen. Aber wie schon gesagt: Es gibt keine Taktik, die von Verschwörungstheoretikern nicht unterlaufen werden könnte. Realiter etwa so:

Sie stellen sehr viele Fragen. Das zeugt von Ihrem geringen Wissensstand. Aber mir scheint bei Ihnen dämmert es langsam. Glückwunsch, Sie sind auf dem richtigen Weg.

Die Journalistin Ellie Martell *(Vice)* musste sogar feststellen, dass irgendwann „alle Fragen ins Leere laufen", als sie versuchte, mit einer Freundin ins Gespräch zu kommen, die daran glaubte, dass wir von Reptilien-Außerirdischen regiert werden: „Ab wann wird ein Machthaber von *denen* übernommen? Ist es nur Merkel? Oder auch ihr Staatssekretär? Oder schon der Bundestagskandidat in Bielefeld? Gibt es ein Massen-Reptilierungs-Ritual, sobald eine Partei in die Regierung gewählt wird? Und warum wollen *die* überhaupt alle töten, wer soll dann noch arbeiten? Der Kapitalismus funktioniert doch schon ganz gut? Diese Diskussion endete wie alle, die noch kommen sollten: von Sinas Seite und mit den Worten: Eines Tages wirst auch du die Wahrheit erkennen. Wenn du bereit bist."[41]

- Humor

Was bekommt Ihr eigentlich bezahlt pro Posting?

„Hey, ich erhalte pro Eintrag 2,50 Euro von der BRD GmbH. Dazu kommen noch drei Dollar von der NSA. Damit ist ein gutes Auskommen möglich, wenn man fleißig postet. Das Ganze wird einmal monatlich auf mein Guthaben-Konto mit kostenloser Visa-Karte bei der Rothschild-Bank überwiesen. Voll geil. Dazu noch ein paar Antifa-Demos für 25 Euro – und ich arbeite schon lange nicht mehr in einem regulären Job. Voll gut. Und die gute Nachricht: Ich bin opportunistisch. Wenn ihr Chemtrail-Freaks mehr zahlt, mache ich für euch weiter, ok?"

Lustig?

Humor, Ironie und Satire ist in der Online-Kommunikation hoch umstritten. Manche Experten verweisen darauf, dass Humor im Internet eine Chance darstelle, die Stimmung rasch ein bisschen lockerer zu machen. Wenn jemand wütend kommentiere, könne eine schlagfertige Antwort das Thema in einen ganz anderen Blickwinkel rücken und eine emotionale Distanz zu dieser Aggression herstellen. Andere wiederum warnen: „In Foren und bei Twitter hat man als Leser des Öfteren den Eindruck, das Internet sei nur von Leuten bevölkert, die Ironie auch dann nicht verstehen würden, wenn man dick und fett IRONIE vorne und IRONIE hinten in den Text einstreut. Daher: Vergessen wir die Ironie. Schluss mit Texten, die anders gemeint sind, als sie geschrieben werden in diesem Internet.“[42]

Auch die Comic- und Youtube-Bloggerin Nadja Hermann *(Erzählmirnix)*, deren zwei Strichmännchen Linksi und Rechtsi häufig sehr witzige Dialoge über Denkmuster und Glaubenssätze führen, vertritt eine eindeutige Position in dieser Frage: „Erfahrungsgemäß kommt Humor in der direkten Interaktion nicht gut an, was völlig verständlich ist, weil die Leute ohnehin permanent das Gefühl haben, zu wenig ernst genommen zu werden. Genau das ist ja das Problem, das sie wahrnehmen. Insofern bestärkt jeder Versuch, dem mit Humor zu begegnen, sie nur in dieser Wahrnehmung.“

Die *Amadeu Antonio Stiftung* gibt zu bedenken, dass Satire Verschwörungstheorien ihre Autorität nehmen kann, nicht jedoch den Verschwörungstheoretikern ihr Bedürfnis nach Identität. Diesen Menschen die Abwegigkeit der eigenen Überzeugungen humorvoll vorzuführen, wird sie in den meisten Fällen nicht erreichen. Satirepreise wie *Das goldene Brett für den größten antiwissenschaftlichen Unsinn des Jahres* der GWUP-Regionalgruppe Wien oder *Der goldene Aluhut für den besten Schwurbel des Jahres* dienen eher dazu, Dritte aufzuklären und potenzielle Verbündete zu gewinnen.

- An die Mitleser/Dabeisitzer/Zuhörer/Unentschiedenen denken

Eine Mischung aus „Entsetzen, Wut, Frust und Resigniertheit“ packte den Blogger Stephan S., als er mal sehen wollte, „was die andere Seite so denkt und tut“ und er deshalb der Facebook-Gruppe *Impfen…NEIN danke!!!!!”* [sic] beitrat. Zunächst nahm er die Beiträge „aus dem Dunkelreich der Impfgegnerszene ohne besondere Vorkommnisse für einige Tage zur Kenntnis“. Dann aber postete die Mutter einer 13 Monate alten Tochter, dass ihr Kind sich beim Spielen ein paar Holzsplitter eingezogen habe und der Arzt nun zu einer Tetanus-Impfung rate.

„An diesem Punkt“, berichtet Stephan S. in seinem Blog *Schockfaktor*, hielt er es nicht länger aus und griff aktiv in die Diskussion ein:[43] „MACH DIE VERDAMMTE TETANUS-IMPFUNG!!! Es stimmt schon, dass die Wahrscheinlichkeit einer Infektion bei ein paar Splittern nicht groß ist (genau deswegen und weil hierzulande niemand eine konkrete Vorstellung der Krankheit hat, ist es aber auch einfach, da leichtfertig zu sein). Aber wenn es passiert, dann bist du schlimmstenfalls am qualvollen Tod deiner Tochter schuld. Das ist nicht ironisch oder überspitzt gemeint, sondern genau so.“ Binnen weniger Minuten rollte daraufhin eine Lawine an Beschimpfungen auf ihn los, die mit dem Begriff „Shitstorm“ nur unzureichend umschrieben ist. „Ich habe mir wirklich nicht vorstellen können, wie schlimm das Phänomen Impfgegnerschaft aus der Nähe betrachtet aussieht“, reflektiert Stephan S. die Auseinandersetzung, „mir fehlte jede Idee, wie man derartiger geistiger Umweltverschmutzung beikommen soll.“

Doch auf dem Höhepunkt seiner kopfschüttelnden Fassungslosigkeit „macht es wieder Pling! und folgende Privatnachricht kommt rein“:

Guten Abend Stephan :-)
Erst mal… Hut ab, ich wäre an deiner Stelle schon vor ’ner

halben Stunde explodiert
Ich bin nun schon längere Zeit in impfgegnerischen Gruppen unterwegs und hab mich bis vor kurzem auch noch als absoluten Impfgegner gesehen und mein Kind ist deshalb ungeimpft bis jetzt. Allerdings muss ich sagen… Ich tendiere immer mehr in die andere Richtung und fand deine Argumentation echt super.

Sein Resümee: „Gemessen an der Menge der Mitglieder der Gruppe – es sind 5000 (in Worten: Fünftausend) – ist es natürlich ein kleiner Erfolg, aber er macht Hoffnung, wo vorher gar keine war. Und es bleibt nicht dabei: Noch andere aus der Gruppe melden sich an diesem Abend bei mir und wir unterhalten uns abseits der Doofheit über Impfen und die Welt […] Was kann gegen all das getan werden? Im Wesentlichen denke ich: Reden, Konfrontieren und die Diskussion nicht scheuen. Für mich ist klar: Das hier ist keine Debatte um Extrempositionen, aus der man sich heraushalten sollte, weil das schlau und vernünftig ist. Inzwischen geht es um die aktive Verteidigung der Vernunft. Impfgegner sind nicht mehr nur eine kleine Minderheit von Spinnern, die ignoriert werden kann […]

Ich stimme vollkommen zu, dass der Versuch sinnlos ist, die überzeugten Impfgegner eines Besseren zu belehren. Das Ganze trägt glaubenshafte Züge und alles, was ihrem Glauben entgegensteht, ist für diese Leute kein potenzieller Erkenntnisgewinn, sondern eine Bedrohung für ihr Weltbild. Ich bin jedoch überzeugt von der Sinnhaftigkeit derartiger Diskussionen, und zwar wegen der Außenwirkung. Denn wo die Überzeugten sind, sind auch die Nicht-Überzeugten, und für die ist es wichtig, dass Widerspruch im Raum ist."

Ganz ähnlich lautet auch die Quintessenz aus einer unvermittelten Urlaubsbegegnung mit rechten Verschwörungstheoretikern, bei der dem Journalisten Peter Weissenburger die Worte fehlten. Erst im Nachhinein und nach intensiver Beschäftigung mit der Problematik legte Weissenburger auf

der Online-Plattform *ze.tt* dar, was er hätte tun können:[44] „Möglichst unbeeindruckt nachfragen und die Theorie auf Schwachstellen untersuchen. Und die Schwachstellen entlarven. Nach außen sind Verschwörungstheorien imposant, nach innen oft porös [...] Ich werde es vielleicht nicht schaffen, eine*n Verschwörungstheoretiker*in zu bekehren, aber ich kann eine weitere Person sein, die er nicht mit seinem Quatsch überzeugt hat – und vielleicht sogar die anderen Mitreisenden. Es ist ein bescheidener Triumph. Aber einer, mit dem es sich entspannt weiterurlauben lässt."
Sowohl bei Online-Aktivitäten als auch im Reallife geht es nicht zuletzt darum, zu dokumentieren, dass die Lufthoheit über den Chatrooms, Kommentarspalten, Ladentheken, Straßenbahnen, Gartenzäunen, Kantinen, Stammtischen, Talkshows etc. nicht den Parolendreschern und Verschwörungstheoretikern überlassen werden darf. Und: „Man soll niemals nie sagen", ermutigt der Bildungswissenschaftler Klaus-Peter Hufer. „Ein Gespräch ist noch nicht vorbei, wenn es beendet ist. Das, was gesagt wurde, wirkt noch nach, wird vielleicht in einer angemessenen Zeit neu bedacht und mit zwischenzeitlich hinzugekommenen Erfahrungen verknüpft. Möglicherweise entfaltet es dann seine Wirkung."

- Die Fakten in eingängige Geschichten verpacken

Anekdoten sind keine Daten. Und Skeptiker kritisieren zu Recht, wenn ein Einzelfall als Beleg zum Beispiel für die Wirksamkeit einer pseudomedizinischen Methode genutzt wird. Allerdings verfangen Zahlen und Fakten allein nun mal eher selten. Eine Studie der Psychologin Cornelia Betsch von der Universität Erfurt zum Thema Impfaufklärung hat gezeigt, dass persönliche Berichte über Nebenwirkungen bei der Impfentscheidung weit mehr ins Gewicht fielen als simple statistische Fakten. Je höher die Zahl negativer persönlicher Erfahrungen mit einer Impfung war, desto eher wurde diese als riskant eingeschätzt. Anders als bei behördlichen Aufklärungsaktionen (vgl. S. 141) wirkt der Mechanismus hier aber in beide Richtungen: Erzählungen über Todesfälle oder schwere Erkrankungen bei Nichtgeimpften stärken die Impfbereitschaft. Experten halten es daher für sinnvoll, Aufklärung über Impfungen auf eine emotionale Ebene zu heben und ebenfalls mit Einzelfällen zu argumentieren – also Anekdoten zu nutzen, um die Argumente zu präzisieren.

Beispiele aus Online-Diskussionen mit Impfgegner sehen so aus:

Masern, Röteln und Mumps sind gefährlich. Echt. Meine Tante ist an Masern gestorben, meine Mutter hat deswegen ein kaputtes Gleichgewichtsorgan und seit 62 Jahren Schwindelattacken. Ich war ja auf einer Waldorfschule und dort gab es einen Masernausbruch. Eine meiner Klassenkameradinnen bekam Enzephalitis und fiel ins Koma. Für uns Kinder war das ein Schock. Ich hatte als Kind nie Probleme mit Impfungen und habe jetzt weder Allergien, Autismus, ADHS, eine Autoimmunerkrankung noch sonst etwas, das Impfen angeblich auslösen kann.

Ich bin betroffen! Mein HPV-Stamm wäre in der Impfung mit drin gewesen. Leider kam die erst auf den Markt, als ich schon eine Gewebeveränderung am Gebärmutterhals hatte. Ich kann gerne erzählen, was eine Konisation ist, welche Risiken man dadurch bei einer Schwangerschaft und Geburt hat. Wie sich die Angst bei jeder Vorsorgeuntersuchung anfühlt. Meine Töchter werden mit 9 gegen HPV geimpft!

Die Kommunikationsstrategie dahinter, die sich auf viele Verschwörungstheorien übertragen lässt, ist im Grunde, mit einem Gegennarrativ aufzuzeigen, dass Verschwörungstheoretiker etwas fürchten, was ihnen nicht schadet, und wiederum Dinge, die ihnen schaden können, nicht fürchten – also Risikowahrnehmungen, die auf bloßen Gerüchten und Verschwörungstheorien basieren, geradezurücken. Sie glauben, Sie haben nichts zu erzählen? Dann erklären Sie Ihrem Gegenüber zum Beispiel, warum Sie nicht an Verschwörungstheorien glauben und weshalb Sie sich für Vernunft und kritisches Denken engagieren. Und dass Sie Ihre Überzeugung erst nach trifftigen Beweisen ändern. Das trägt zugleich zur Interessenehrlichkeit bei und nimmt den unvermeidlichen „Du bezahlter Systemtroll / Pharmatroll / Cyber-Agent / Desinformant"-Vorwürfen den Wind aus den Segeln.

- Klarmachen, was Meinungsfreiheit wirklich bedeutet

Der Online-Satireguru Lorenz Meyer (*Sheng Fui*) stellt zunehmend „eine raffinierte Argumentationskette" fest, die sich Verschwörungstheoretiker nebst „Rechten-Relativierern, Trump-Verstehern, AfD-Erklärern" zurechtgelegt hätten: „Man darf den Schreihälsen, Hetzern und Angstmachern nicht widersprechen! Weil es den Leuten vermittele, dass man sie nicht ernst nehme. Weil es schließlich Meinungsfreiheit gebe. Weil es keine Diskursverbote geben dürfe. Den Logikfehler dieser Argumentation mögen die angesprochenen Personen bitte selbst herausfinden."

Helfen wir ihnen ein wenig dabei. Denn in der Tat stilisieren sich Verschwörungstheoretiker gerne als „Opfer", die „zensiert" oder in ihrer Meinungsfreiheit eingeschränkt würden.

Erstens: Das Recht auf Meinungsfreiheit schützt vor staatlicher Verfolgung und einem Eingriff der Behörden, wenn man Informationen oder Ideen weitergeben möchte. Meinungsfreiheit bedeutet nicht, dass jeder seine Meinung in der *Tagesschau* oder in der *FAZ* veröffentlichen kann. Oder dass Online-Kommentare nicht gelöscht werden dürfen. Denn niemand ist verpflichtet, sich jemandes Meinung anzuhören. Und Meinungsfreiheit erlaubt auch die Widerrede.

Zweitens: Jeder hat das Recht auf eine eigene Meinung, aber nicht auf eigene Fakten. Rein subjektive Vorlieben wie „Bourbon ist besser als Scotch" können mit Fug und Recht als Meinung gelten. Irrtümer und Fehlannahmen, wie zum Beispiel die Behauptungen, dass es keinen Klimawandel gebe, Impfungen Autismus auslösen oder die Erde flach ist, sind keine „Meinungen". Nur die Tatsache, dass Menschen etwas „meinen" oder „glauben", begründet noch lange keinen Respekt davor, denn „Meinungen" können sich jederzeit als falsch oder uninformiert herausstellen. Die Realität schert sich nicht um persönliche Befindlichkeiten.

Der Punkt ist der, wird im Blog *Nachdenken ... bitte* erklärt, „dass eine falsche Meinung fast immer negative Konsequenzen haben wird. Wer irrtümlich eine Behauptung für wahr hält, die eigentlich falsch ist, dann trifft er (wahrscheinlich) falsche Entscheidungen und handelt falsch. Falsche Entscheidungen und Handlungen sind (fast) immer negativ und schaden dem Betreffenden oder anderen."[45] *Welt-Online* antwortete einem Verschwörungstheoretiker, der sich über einen gelöschten Kommentar beschwerte:

Wir zensieren nicht, wir moderieren. Falls dir das nicht zusagt und du lieber ungestört Kommentare und grenzwertige Thesen vom Stapel lassen willst, empfehlen wir eine andere Plattform: ein Tagebuch.

Diese Eckpfeiler für eine Online-/Offline-Diskussion mit Verschwörungstheoretikern haben sich in der Praxis bewährt:

- Freundlich und sachlich bleiben
- die Titulierung als „Verschwörungstheoretiker" vermeiden
- Verständnis für die Position des Gegenübers bekunden und dafür, wie er/sie zu dieser Überzeugung gelangt ist
- Resolutes Auftreten (Profil zeigen, die eigene Weltsicht klarmachen, Interessenehrlichkeit schaffen, Wahrheitskriterien benennen)
- Falschaussagen widerlegen („debunken"), an Fakten festhalten, Gegenerzählungen liefern
- Klare Botschaften mit kurzen, verständlichen Sätzen

- Schwerpunkt auf wenigen Kernargumenten, Überkomplexität vermeiden
- Verschwörungstheoretische Falschaussagen möglichst nicht wiederholen, und wenn, dann nur mit der expliziten Warnung, dass das, was jetzt kommt, falsch ist
- Valide Quellenbelege und genaue Erklärungen einfordern
- Nachfragen, Diskussionsgegner in logische Widersprüche verwickeln
- Klarmachen, dass das Abrücken von einer falschen Annahme nicht bedeutet, die persönliche Weltanschauung aufgeben zu müssen
- Unbelehrbaren Diskussionsgegnern Grenzen setzen („rote Linie")

●●● **Fazit:** Es gibt keine einfache Lösung, wenn Menschen ihre Identität bedroht und ihre Werte infrage gestellt sehen, ein Gefühl der Entfremdung verspüren und ihre generalisierende Angst vor unverstandenen Zusammenhängen in verständliche Geschichten von diffusen Mächten verpacken. Und sicherlich haben Experten recht, die darauf hinweisen, dass Verschwörungsgläubige, die undurchschaubare Ereignisse in ein geschlossenes Weltbild einordnen, kaum mehr erreichbar sind. Dennoch gibt es keinen Grund, das Anliegen der Aufklärung nicht weiterhin hochzuhalten und sowohl mit Fakten als auch mit Gefühlen gegenzuargumentieren. Denn eines kann jeder von uns in der Debatte erreichen: Zweifel säen und zum Nachdenken anregen. ●●●●●●●

Anmerkungen

1 www.spektrum.de/wissen/das-internet-unterstuetzt-verschwoerungstheorien/1491655
2 Nach Gehirn & Geist Nr. 09/2016
3 http://scienceblogs.de/zoonpolitikon/2009/11/03/checkliste-verschworungstheorien/
4 www.tagesschau.de/ausland/verschwoerungstheorien102~_origin-c1ab93fd-f272-45ce-bb68-3ef579ca6173.html
5 www.psyheu.de/7201/verschwoerungstheorien/view-all/
6 nach Friedrich Klehr, www.antifaschismus2.de/verschwoerungstheorien
7 http://blog.zeit.de/stoerungsmelder/2014/04/24/von_der_verschwoerungsideologie_zur_politischen_bewegung_15730
8 www.heilpraxisnet.de/symptome/verschwoerungswahn-und-verschwoerungstheorie/
9 http://www.dietiefe.com/2017/01/28/facebook-911-2-das-sieht-nun-wirklich-jeder/
10 www.watson.ch/International/Wissen/808976256-Verschwoerungstheorie----Jeder-mit-einer-anderen-Analyse-wird-mit-Spinnern--Paedophilen-und-Antisemiten-in-eine-Ecke-gestellt/
11 http://geschichtedergegenwart.ch/mit-verschwoerungstheoretikern-reden-ein-bericht/
12 https://www.jetzt.de/verschwoerungstheorien/ist-die-erde-doch-flach
13 http://geschichtedergegenwart.ch/was-ist-falsch-an-verschwoerungstheorien/
14 www.netzpiloten.de/warum-verschwoerungstheorien-der-wahrheit-oft-im-weg-stehen/
15 https://broadly.vice.com/de/article/qvdx4v/von-chemtrails-zu-morddrohungen-eine-verschwoerungstheorie-aussteigerin-erzaehlt
16 https://motherboard.vice.com/de/article/kb7vzw/geballte-digitale-medienkompetenz-erklrt-charlie-hebdo-angriff-zu-false-flag-op
17 https://scilogs.spektrum.de/gedankenwerkstatt/verschwoerungstheorien-der-fundamentale-attributionsfehler/
18 http://scienceblogs.de/frischer-wind/2010/12/20/das-tuskegee-experiment-und-die-grenzen-medizinischer-forschung/
19 https://4yourself.de/verschwoerungstheorien/

20 www.spiegel.de/wirtschaft/soziales/die-verschwoerungstheorie-ueber-die-bilderberg-konferenzen-a-862961.html
21 www.spiegel.de/wirtschaft/bilderberg-konferenz-die-wahre-macht-sitzt-woanders-a-1038202.html
22 Raab/Carbon/Muth, Am Anfang war die Verschwörungstheorie, S. 227 ff.
23 Michael Butter in Politikum Nr. 3/2017
24 www.tagesspiegel.de/wissen/psychologie-manche-glauben-die-erde-ist-innen-hohl-und-dort-lebt-hitler/9316624-2.html
25 www.heise.de/tr/blog/artikel/Die-zehn-besten-Antworten-auf-Verschwoerungstheorien-271732.html
26 www.zeit.de/2012/50/Truther-Verschwoerungstheorie
27 www.watson.ch/Schweiz/Wissen/605005742-Verschwörungstheorien-sind-ein-Riesenbusiness---und-gehören-zur-modernen-Gesellschaft
28 www.ipg-journal.de/schwerpunkt-des-monats/verschwoerungstheorien/artikel/detail/die-luegen-doch-alle-2070/
29 www.gutjahr.biz/2018/01/hatespeech/
30 www.spiegel.de/spiegel/print/d-131147816.html
31 nach Ralf Neugebauer, In was für einem Land leben wir eigentlich?, in Skeptiker 2/2017
32 www.facebook.com/psHolstein/posts/1315766451857181
33 https://ethologiepsychologie.wordpress.com/2011/11/15/festingers-theorie-der-kognitiven-dissonanz/
34 https://broadly.vice.com/de/article/gyx8aq/mein-vater-der-bekannte-verschwoerungstheoretiker
35 www.slippery-slopes.de/verschwoerungstheorien-4/
36 www.sueddeutsche.de/gesundheit/psychologie-der-impfgegner-meinungen-schlagen-argumente-1.2257172
37 Nach www.klimafakten.de/meldung/einstellungen-zum-klimawandel-ideologie-hat-den-groessten-einfluss | www.klimafakten.de/meldung/desinformations-kampagnen-kontern-mit-einer-schutzimpfung | www.klimafakten.de/meldung/die-grosse-verschwoerung-warum-verweigern-sich-menschen-wissenschaftlichen-erkenntnissen |https://www.klimafakten.de/meldung/widerlegen-aber-richtig
38 https://noizz.de/politik/eine-aussteigerin-aus-der-verschworungs-szene-im-interview/7x50l23

39 www.klimafakten.de/meldung/wir-brauchen-fuer-jeden-menschen-eine-klima-botschaft-von-der-er-sich-angesprochen-fuehlt
40 nach Sebastian Herrmann, Starrköpfe überzeugen, S. 192 | www.skepticalscience.com/Debunking-Handbook-now-freely-available-download.html | https://krautreporter.de/1640-wie-sie-jemanden-uberzeugen-dass-er-falsch-liegt | http://www.gavagai.de/philrezi/HHPRZ116.htm |www.netzpiloten.de/menschen-verschwoerungstheorien-meinung/
41 www.vice.com/de/article/kwyvxy/ich-habe-meine-freundin-an-verschwoerungstheorien-verloren
42 https://steadynews.de/marketing/warum-satire-im-internet-nicht-funktioniert-oder-sheldon-coopers-sarkasmus-schild
43 www.schockfaktor.de/articles/5/besuch-bei-den-impfgegnern
44 https://ze.tt/mein-urlaub-mit-einem-rechten-verschwoerungstheoretiker/
45 www.nachdenken-bitte.de/kritisches-denken/meinungen-ansichten-ideen-uberzeugungen-entscheidungen-und-handlungen/

Literaturliste

Amadeu Antonio Stiftung: „No World Order“ – Wie antisemitische Verschwörungsideologien die Welt verklären. Online unter www.amadeu-antonio-stiftung.de/aktuelles/2015/broschuere-zum-umgang-mit-antisemitischen-verschwoerungstheorien/

Amadeu Antonio Stiftung: „Wir sind wieder da“ – Die „Reichsbürger“: Überzeugungen, Gefahren und Handlungsstrategien. Online unter www.amadeu-antonio-stiftung.de/aktuelles/2014/wir-sind-wieder-da-die-gefaehrlichen-reichsbuerger/

Anton, Andreas: Unwirkliche Wirklichkeiten. Berlin 2011

Achenbach, Joel: Zeit der Zweifler. In: National Geographic, März 2015

Baldauf, Johannes/Rathje, Jan: Antisemitismus und Verschwörungserzählungen heute. In: Journal für Politische Bildung Nr. 04/2017

Bartoschek, Sebastian: Bekanntheit von und Zustimmung zu Verschwörungstheorien. Hannover 2015

Bartoschek, Sebastian/Waschkau, Alexa/Waschkau, Alexander: Muss man wissen! Ein Interview mit Axel Stoll. Hannover 2015

Beckmann, Jörn/Lamberty, Pia/Seidler, Felix W.: Der Reichsbürger-Leitfaden. Online unter http://blog.dergoldenealuhut.de/2017/04/18/reichsbuergerleitfaden/

Brodnig, Ingrid: Lügen im Netz. Wien 2016

Brodnig, Ingrid: Hass im Netz. Wien 2017

Butter, Michael: „Verschwörungstheorien sind symbolisch zu betrachten“. In: Skeptiker 1/2016

Butter, Michael: „Nichts ist, wie es scheint“: Über Verschwörungstheorien. Berlin 2018

Butter, Michael: Dunkle Komplotte. Zur Geschichte und Funktion von Verschwörungstheorien. In: Politikum Nr. 03/2017

Feuerbach, Leonie: Das Muster der Verschwörung. Frankfurter Allgemeine Zeitung vom 30. Oktober 2017

Ginsburg, Tobias: Die Reise ins Reich. Unter „Reichsbürgern“. Berlin 2018

Greig, Charlotte: Intrigen und Komplotte. Die berühmtesten Verschwörungstheorien. Münster 2006

Groh, Dieter: Verschwörungen und kein Ende. In: Kursbuch Heft 124 (Juni 1996)

Grüter, Thomas: Freimaurer, Illuminaten und andere Verschwörer. Wie Verschwörungstheorien funktionieren. Frankfurt am Main 2006

Grüter, Thomas: „Verschwörungstheorien sind sehr irdisch". In: MIZ 4/2013

Gugenberger, Eduard/Petri, Franko/Schweidlenka, Roman: Weltverschwörungstheorien. Die neue Gefahr von rechts. Wien, München 1998

Hafeneger, Benno: Aufklärung, Wissen und Reflexion vs. Fake News, Mythen und Legenden. In: Journal für Politische Bildung Nr. 04/2017

Hamade, Houssam: Böse Pläne überall. In: der Freitag Nr. 35/2016

Hammel, Laura Luise: Verschwörungsglaube, Populismus und Protest. In: Politikum Nr. 03/2017

Harder, Bernd: Elvis lebt! Lexikon der unterdrückten Wahrheiten. Freiburg 2010

Hepfer, Karl: Verschwörungstheorien. Eine philosophische Kritik der Unvernunft. Bonn 2016

Hermann, Sebastian: Starrköpfe überzeugen. Reinbek 2013

Hübl, Philipp: Überall Kriegstreiber! In: Philosophie Magazin Nr. 03/2017

Hufer, Klaus-Peter: Argumente am Stammtisch. Erfolgreich gegen Parolen, Palaver und Populismus. Schwalbach 2016

Imhoff, Roland/Lamberty, Pia: Die Geheimniswitterer. In: Gehirn & Geist Nr. 09/2016

Imhoff, Roland: Die Mentalität der Verschwörungstheoretiker. In: Politikum Nr. 03/2017

Kittlitz, Alard von: Die wollen uns umbringen. In: Die Zeit Nr. 41/2017

Leschke, Julia C./Wolfram, Tobias: Welche Faktoren erklären den Verschwörungsglauben? In: Politikum Nr. 03/2017

Levy, Joel: Das kleine Buch der Verschwörungen. München 2006

Lorenz, Jörg: Das Chemtrailhandbuch. Hannover 2013

Monkenbusch, Helmut: Die größten Verschwörungen der Weltgeschichte. In: Hörzu Wissen Nr. 02/2017

Neugebauer, Ralf: In was für einem Land leben wir eigentlich? Mit Reichsbürgerideen durch Absurdistan. In: Skeptiker 2/2017
Oude-Aost, Jan: Ist irrationales Denken „verrückt"? In: Skeptiker 4/2015
Paulus, Jochen: Im Zweifel für das Misstrauen. In: Bild der Wissenschaft Nr. 08/2016
Pipes, Daniel: Verschwörung. Faszination und Macht des Geheimen. München 1997
Raab, Marius/Carbon, Claus-Christian/Muth, Claudia: Am Anfang war die Verschwörungstheorie. Heidelberg 2017
Raab, Marius: Was treibt Verschwörungstheoretiker an? In: Skeptiker 1/2017
Rickens, Christian (Hrsg.): Das Glühbirnen-Komplott. Köln 2014
Evelyn Roll: Die Lüge. In: Süddeutsche Zeitung vom 19./20. November 2017
Rothkopf, David: Die Super-Klasse. Die Welt der internationalen Machtelite. München 2008
Ruch, Christian: „Traue niemandem!" Was fasziniert an Verschwörungstheorien? Herausgegeben vom Bischöflichen Seelsorgeamt Augsburg, Fachbereich für Religions- und Weltanschauungsfragen, 2010
Theodor Schaarschmidt: Es fühlt sich so wahr an. In: Gehirn & Geist 9/2017
Sedlak, Mario: Chemtrails. Seriöse Argumente gegen eine unseriöse Theorie. In: Skeptiker 2/2016
Southwell, David/Twist, Sean: Verschwörungen. Die 100 spektakulärsten Fälle. Wien 2007
Speit, Andreas (Hrsg.): „Reichsbürger" – Die unterschätzte Gefahr. Berlin 2017
Varwick, Johannes: Verschwörungsmythen und Politikgestaltung – Interview mit Ruprecht Polenz. In: Politikum Nr. 03/2017
Wannenmacher, Tom/Wolf, Andre: Die Fake-Jäger. Wie Gerüchte im Internet entstehen und wie man sich schützen kann. München 2016
Weihe, Karsten: Fundiert entscheiden. Heidelberg 2018
Wetzel, Juliane: Verschwörungstheorien als Ersatzreligion? In: Journal für Politische Bildung Nr. 04/2017

Wittschier, Stephanie: Die Welt der Verschwörungsideologien – Die Erlebnisse einer Aussteigerin. Werther 2015

Links

http://www.projektwerkstatt.de/debatte/rechts/verschw.html

https://www.heise.de/tp/features/Was-ist-eine-Verschwoerungstheorie-und-wann-ist-ein-Verschwoerungsverdacht-glaubwuerdig-3395562.html?seite=all

http://rhetorisches-quartett.de/handbuch-13B

http://de.euronews.com/2017/01/06/interview-verschwoerungstheorien-sind-in-der-mitte-der-gesellschaft-angekommen

http://www.aurora-magazin.at/gesellschaft/shalom_albert_frm.htm

http://www.paulascheidt.com/portfolio/meine-verirrten-freunde/

http://www.zeit.de/wissen/2017-08/verschwoerungstheorien-chemtrails-erde-flach-gravitation/komplettansicht

http://www.ezw-berlin.de/html/3_4492.php

http://chemtrail-fragen.de

Bernd Harder

Geister, Gothics, Gabelbieger

66 Antworten auf Fragwürdiges aus Esoterik und Okkultismus
ISBN 978-3-86569-002-9, 206 Seiten, Abbildungen, kartoniert, Euro 14.-

Magie, Okkultismus und Esoterik sind heutzutage alltägliche Erscheinungen. Allerdings stellt sich bei genauerem Hinsehen häufig heraus, dass der Schein trügt. Fast immer lassen sich die scheinbar übersinnlichen Phänomene nachvollziehbar erklären – ohne dass der Boden der Tatsachen verlassen werden muss. Bernd Harders neues Buch zeigt in unterhaltsamer Form, worauf es ankommt, um das vermeintlich Unerklärliche zu durchschauen.

Theodor Much

Willkommen im Jenseits

Satirische Erzählungen
ISBN 978-3-86569-115-6, 159 Seiten, kartoniert, Euro 12.-

Theodor Muchs Satiren nehmen Irrationalismus, religiösen Fundamentalismus, esoterische Behandlungsverfahren und andere Formen unbegründeter Hoffnung aufs Korn. Wir werfen Blicke direkt ins Paradies, empfangen Nachrichten aus dem Jenseits, erfahren die faszinierende Lebensgeschichte von Methusalem, lesen die wahre Sodom und Gomorrha-Story, erleben die Wonnen der Unsterblichkeit und stellen Gott kritische Fragen.

Rolf Cantzen

Wiedergeboren werden – aber richtig

Ein spiritueller Ratgeber für alle Lebensfragen
ISBN 978-3-86569-174-3, 131 Seiten, kartoniert, Euro 10.-

Rolf Cantzen hat einen großen spirituellen Meister getroffen, der ihm alle Antworten auf die wirklich wichtigen Fragen des Lebens diktiert hat. Die hier achtsam aufgezeichneten Antworten des Meisters bringen alle, die sich auf den Pfad der Erleuchtung begeben, den entscheidenden Schritt voran. Die einfühlsamen Worte des Meisters werden auf Zweifelnde wie ein Erweckungserlebnis wirken.
Mit Faktencheck, Übungen und Meditationsanleitungen!